dtv

Dieses Buch enthält in englisch-deutschem Paralleldruck kleine Geschichten, Berichte, Gedichte, Notizen und Rezepte aus Großbritannien. Einige allgemeine, einige aus London, einige aus England, einige aus Wales, einige aus Schottland, einige aus Irland. Alle sind original für dieses Buch geschrieben, und zwar in einem einfachen Englisch, wie es britische Grundschulkinder sprechen lernen und wie es in Deutschland jedes Kind und jeder Erwachsene nach einer kurzen Anfangsstrecke Englischunterricht mit Vergnügen lesen kann.

Joy Browning, geboren 1949 in Birmingham, hat an einer Grundschule in der Nähe von London Kinder aus verschiedenen sozialen Schichten unterrichtet. Im Bemühen, Sprachbarrieren zu überwinden, spielte das Erzählen von Geschichten eine große Rolle.

Snapshots of Britain

Britannien in kleinen Geschichten

erzählt von Joy Browning
übersetzt von Ina-Maria Martens
illustriert von Frieda Wiegand

dtv

Ausführliche Informationen über
unsere Autoren und Bücher
www.dtv.de

MIX
Papier aus verantwortungsvollen Quellen
FSC® C013736

Originalausgabe 1994
12. überarbeitete Auflage 2012
15. Auflage 2016
Der Band erschien bis 2012 als dtv 9319

Umschlagkonzept: Balk & Brumshagen
Satz: Greiner & Reichel, Köln
Druck und Bindung: Kösel, Krugzell
Gedruckt auf säurefreiem, chlorfrei gebleichtem Papier
Printed in Germany · ISBN 978-3-423-09505-1

Scotland
Northern Ireland
Republic of Ireland
England
Wales

To Begin With

Hello! As you have chosen to read this book it is possible that you may one day consider visiting these islands. If you do I trust that the "mind's eye snapshots" gained from your reading will enhance your visit and that your camera snapshots will provide vivid memories.

If you do visit, you will hear people using a number of different greetings, including the one at the top of this text. Here are some more for you to try: Good day – How are you? – Hi – Have a nice day – Lovely to see you – Good morning/afternoon/evening.

As there are many greetings, so there are also many different names used for the group of islands you are visiting: England – Britain – Great Britain – United Kingdom (U.K.) – The British Isles. Out of all these names the most helpful, however politically not quite correct, as you will discover later on, probably is "the British Isles".

You may like to put down this book now and find an atlas. Look at a map of Europe closely to see where the British Isles lie in relation to France, Belgium, the Netherlands, Germany, Denmark, Norway.

You will see that Great Britain consists of two islands, just across the coast from Northern France. The larger of the two, looking like Santa Claus on his knees, is the main island

Zum Beginn

Hallo ! Da ihr dieses Buch zum Lesen ausgesucht habt, kann es sein, dass ihr eines Tages diese Inseln besuchen möchtet. Wenn ihr das tut, bin ich sicher, dass die « Schnappschüsse », die ihr vom Lesen im Kopf habt, euren Besuch interessanter machen und dass eure Foto-Schnappschüsse zu lebendigen Erinnerungen werden.

Wenn ihr herkommt, werdet ihr die Leute verschiedene Grußformen sagen hören. Eine ist die am Anfang dieses Textes. Hier noch ein paar zum Ausprobieren: Guten Tag – Wie geht es dir/euch/Ihnen? – Hi – Hab/habt/haben Sie einen schönen Tag – Schön, dich/euch/Sie zu sehen – Guten Morgen/Nachmittag/Abend.

So wie es viele Arten der Begrüßung gibt, gibt es auch viele verschiedene Bezeichnungen für die Inseln, die ihr besucht: England – Britannien – Großbritannien – Vereinigtes Königreich (UK) – Britische Inseln. Davon ist wohl die Bezeichnung « Britische Inseln », selbst wenn sie politisch nicht ganz korrekt ist, wie ihr beim Weiterlesen sehen werdet, wahrscheinlich am hilfreichsten.

Vielleicht legt ihr das Buch mal beiseite und holt einen Atlas. Sucht eine Karte von Europa, auf der man gut sehen kann, wie die Britischen Inseln zu Frankreich, Belgien, den Niederlanden, Deutschland, Dänemark, Norwegen liegen.

Nun seht ihr, dass Großbritannien aus zwei Inseln besteht, gerade gegenüber der französischen Nordküste. Die größere der beiden, die wie ein knieender Nikolaus aussieht, ist die britische Hauptinsel;

of Britain and the smaller, not unlike the shape of a lamb turned on its side, is Ireland, which is pronounced in a similar way to "island" unless you are Scots or Irish, in which case you would pronounce the "r" sound too.

Ireland has two countries within it, the independent Republic of Ireland and Northern Ireland, which is part of the United Kingdom.

If you look more closely you will also see many smaller islands which are near the coast of the two main islands. Can you find these islands on your map: the Isle of Man – the Isle of Wight – the Outer Hebrides – the Isle of Skye – the Orkney Isles – the Shetland Isles – the Channel Islands?

So you see, "the British Isles" is a very descriptive and useful name for this country just off the mainland of Europe, for it consists of several islands and its peoples are island communities with an island outlook.

Although geographically small the impact of Great Britain upon the world has been quite large, and you may read in history books something about this. Therefore the language you are learning or practising has become an international passport.

But, English is not the only language spoken in the British Isles. Others are: Scottish Gaelic – a Celtic language used in remote parts of Scotland and lately enjoying a revival; Manx – a Celtic language on the Isle of Man; Welsh – an ancient Celtic language and taught in all Welsh schools; Irish Gaelic –

dies kleinere, die ein wenig die Gestalt eines auf der Seite liegenden Schafes hat, ist Irland. «Ireland» wird ähnlich ausgesprochen wie englisch «island», also phonetisch «Eiland» – außer wenn man Schotte oder Ire ist; dann nämlich spricht man das «r» mit: «Eierland».

Irland besteht aus zwei Ländern. Das eine ist die unabhängige Republik Irland, das andere ist Nordirland, ein Teil des Vereinigten Königreichs.

Bei genauerem Hinsehen entdeckt ihr noch viele kleinere Inseln nahe der Küste der beiden Hauptinseln. Könnt ihr folgende Inseln auf eurer Karte finden: die Insel Man – die Insel Wight – die Hebriden – die Insel Skye – die Orkney-Inseln – die Shetland-Inseln – die Kanalinseln?

Daran seht ihr, dass die Bezeichnung «Britische Inseln» für dieses dem Festland Europas vorgelagerte Land sehr aussagekräftig und nützlich ist, denn es besteht aus mehreren Inseln, und seine Bewohner sind ein Inselvolk mit einer Inselmentalität.

Obwohl dieses Land im geographischen Sinne klein ist, war sein Einfluss auf die Welt ziemlich groß; ihr werdet in Geschichte etwas darüber erfahren. Wegen dieser Bedeutung ist die Sprache, die ihr gerade lernt oder übt, eine Sprache geworden, mit der man auf der ganzen Welt durchkommt.

Aber Englisch ist nicht die einzige Sprache, die auf den Britischen Inseln gesprochen wird. Andere Sprachen sind: schottisches Gälisch – eine keltische Sprache, die in entlegenen Teilen Schottlands gesprochen wird und in jüngster Zeit wieder auflebt; Manx – eine keltische Sprache auf der Insel Man; Walisisch – eine alte keltische Sprache und Unterrichtssprache in allen walisischen

spoken in Ireland, mainly in the south; the last person who spoke only Cornish, another Celtic language, probably died at the end of the 19th century. However, there is now a revival taking place. You can see road signs written in Cornish and small groups are taking the initiative to restart the teaching of this ancient tongue.

Teacups Without Cracks

Although raised in a working-class area in Birmingham, my parents purchased their own home, which put them socially above those people renting property, especially those renting from the government. My parents also cared about education and were particularly keen for us to gain better jobs and thus move up in society. As a child I was unaware of any of these factors, but simply enjoyed a stable home and the simple pleasures of a family of limited means.

One day our local doctor's wife spoke to my mother and offered me a job cleaning the surgery every Saturday morning for a little pocket money. Probably she thought this would save my parents having to worry about providing me with money. So my duties began. I thoroughly enjoyed the work and more especially the delicious food which was served to me after work in the kitchen of the large doctor's house. The house, the food, the

Schulen; irisches Gälisch – wird vor allem im Süden von Irland gesprochen; der letzte Mensch, der ausschließlich kornisch, eine weitere keltische Sprache, gesprochen hat, starb wahrscheinlich Ende des 19. Jahrhunderts. Doch auch diese Sprache erfährt derzeit eine Renaissance. Es gibt inzwischen Straßenschilder auf Kornisch sowie Initiativen, die sich für das Erlernen dieser alten Sprache einsetzen.

Teetassen ohne Sprung

Ich bin zwar in einer Arbeitergegend von Birmingham aufgewachsen, aber meine Eltern kauften sich ein eigenes Haus, wodurch sie sozial höher gestellt waren als die Mieter von Wohnungen – schon gar von öffentlich geförderten. Meine Eltern legten auch Wert auf eine gute Ausbildung und wünschten sich vor allem bessere Berufe für uns, damit wir einmal sozial besser gestellt sein würden. Als Kind wusste ich nichts von alledem. Ich genoss einfach mein gesichertes Zuhause und die kleinen Freuden, die sich eine Familie mit beschränkten Mitteln leisten konnte.

Eines Tages sprach die Frau unseres Hausarztes meine Mutter an und fragte, ob ich die Aufgabe übernehmen wollte, jeden Samstagmorgen für ein kleines Taschengeld die Praxis zu putzen. Sie dachte vermutlich, das würde meine Eltern von dieser Geldsorge entlasten. So begannen meine Pflichten. Die Arbeit machte mir auch sehr viel Spaß. Noch mehr freute ich mich allerdings über das köstliche Essen, das mir nach getaner Arbeit in der Küche des riesigen Arzthaushalts

cutlery and the furniture – all breathed of a splendid world which filled me with delight; it all seemed so much more civilised than our small and crowded home.

One Saturday the doctor's grandchildren were visiting and I was invited to join them on an outing in the car to a park some distance away and go swimming with them. I was delighted at the invitation and asked if my little sister, then five years old, could come along too. They kindly consented.

We had a marvellous time, especially the journey in the car, as we did not have one.

Just as we were about to go home my little sister ran in front of the swing on which I was swinging, and her front tooth was knocked out. Blood was everywhere, and my sister's screams filled me with terror, as my mother had made me promise to take good care of her.

The doctor's wife, obviously used to problems of this nature, didn't take it too seriously, and simply suggested that we go to a café and have a nice cup of warm tea, after which she assured me my sister would fully recover and wouldn't think of it any more.

She then found a pleasant café with white crisp tableclothes, silver cutlery and lovely bone china tea services. My sister, by now almost fully recovered, touched one of the tableclothes and said: "This is a nice café, isn't it, and no cracks in the teacups!"

With this little outing I first became

angeboten wurde. Das Haus, das Essen, das Besteck und die Möbel – alles hatte für mich den Duft der großen weiten Welt, die mir sehr gefiel – alles sah so viel feiner aus als unser kleines, enges Heim.

Eines Samstags waren die Enkelkinder des Arztes zu Besuch, und ich wurde eingeladen, sie auf einem Ausflug mit dem Auto zu einem entfernt gelegenen Park zu begleiten und mit ihnen schwimmen zu gehen. Ich freute mich sehr über die Einladung und fragte, ob auch meine damals fünf Jahre alte kleine Schwester mitkommen dürfe. Das erlaubten sie gern.

Wir verbrachten eine wunderschöne Zeit, vor allem die Fahrt mit dem Auto gefiel uns, da wir keines hatten.

Kurz bevor wir nach Hause fahren wollten, rannte meine kleine Schwester gegen die Schaukel, auf der ich gerade schaukelte, und schlug sich einen Vorderzahn aus. Überall war Blut, und das Gebrüll meiner Schwester erschreckte mich sehr, da meine Mutter mir das Versprechen abgenommen hatte, gut auf sie aufzupassen.

Die Frau des Arztes, offensichtlich gewöhnt an solche kleinen Unfälle, nahm die Sache nicht allzu schwer und machte einfach den Vorschlag, in ein Café zu gehen und eine gute Tasse heißen Tee zu trinken; danach wäre meine Schwester bestimmt wieder vollständig hergestellt und würde gar nicht mehr daran denken.

Sie fand ein nettes Café mit gestärkten weißen Tischtüchern, Silberbesteck und einem hübschen Teegeschirr aus Porzellan. Meine Schwester, die sich schon wieder ziemlich erholt hatte, fasste ein Tischtuch an und sagte: « Das ist aber ein schönes Café – in keiner Tasse ein Sprung! »

Bei diesem kleinen Ausflug erhielt ich eine erste

aware of social differences and the class system. A doctor in England, at that time, would certainly be middleclass, a postman's daughter workingclass.

The Class System

All countries have class divisions of one kind or another. On a brief visit to the British Isles you may not especially notice the class system which operates here. Different governments and many schools tried to encourage a less class-ridden society. However, the system is steeped in history and has become more established in England than in the other parts of the British Isles. The education system has played an important part in this as can be seen from the following list of school types:

Public schools – not public at all; are very expensive and generally used by royalty, aristocracy, upper and middle-class families;

Private schools – also expensive and used mainly by middle-class families aspiring to move up the social ladder;

State schools – free education provided but also split into social groupings and include;

Grammar schools – these are for anyone who passes the examination and has the academic ability to cope with the standard;

Ahnung von sozialen Unterschieden, vom Klassensystem. Ein Arzt in England gehört sicherlich der Mittelschicht an, die Tochter eines Postboten der Arbeiterklasse.

Das Klassensystem

In allen Ländern gibt es mancherlei Klassenunterschiede. Bei einem kurzen Besuch auf den Britischen Inseln wird euch das hier herrschende Klassensystem nicht besonders auffallen. Regierungen und auch Schulen bemühen sich immer wieder, eine weniger klassenbezogene Gesellschaftsform zu stärken. Doch das derzeitige System ist in der Geschichte verwurzelt, und zwar hartnäckiger in England als in den anderen Landesteilen Britanniens. Das Erziehungswesen hat daran wesentlich mitgewirkt, wie man der folgenden Aufstellung der Schularten entnehmen kann:

Öffentliche Schulen – alles andere als öffentlich; sehr teuer und im Allgemeinen von Kindern aus dem Königshaus, dem Adel und der oberen Mittelschicht besucht.

Privatschulen – auch teuer und hauptsächlich von Kindern der Mittelschicht besucht, die auf der sozialen Leiter aufsteigen möchten.

Staatliche Schulen – kostenlose Ausbildung, doch wiederum in soziale Gruppen eingeteilt; und zwar:

Gymnasium – es muss eine Aufnahmeprüfung absolviert werden, um die Eignung für eine solche Schule nachzuweisen. Ärmeren Familien wird Unter-

help is given to poorer families to meet the expenses involved;

Comprehensive schools – for everyone not catered for above.

Most people, regardless of social standing, try to obtain the best education possible for their children. Unfortunately, the school one attended and the way one speaks are still considered important in some sectors of society. An education at the public schools of Eton or Harrow is still highly prized here and all over the world, not only for the knowledge gained, but also for the social graces and confidence to move in all sectors of society high or low.

stützung gewährt, um die damit verbundenen Kosten zu bewältigen.

Einheitsmittelschulen – für jedermann, der an einer der erwähnten Schulen nicht aufgenommen wird.

Die meisten Menschen bemühen sich – unabhängig von ihrer Schicht – um die beste mögliche Erziehung für ihre Kinder. Leider ist die Tatsache, welche Schule man besucht hat, und die Art, wie man sich ausdrückt, in manchen Kreisen immer noch sehr wichtig. Eine Ausbildung auf den großen Public Schools Eton oder Harrow zählt nach wie vor sehr viel – hier wie auf der ganzen Welt –, und zwar nicht allein wegen des erworbenen Wissens, sondern auch wegen der Umgangsformen und der Sicherheit, in jeder Gesellschaft richtig aufzutreten.

Dick and the Bells

One day in the Middle Ages Dick Whittington, a young orphan, travelled to London. He believed it's streets were paved with gold. Unfortunately they were not. Dick remained poor and wretched and after a short while he decided to leave.

When he reached Highgate Hill on the outskirts of the city, he heard the bells of a London church ringing and they seemed to say:

"Turn again, Whittington,
thou worthy citizen, Lord Mayor of London.
Turn again, Whittington, thou worthy citizen,
thrice Mayor of London."

Dick felt the bells were speaking to him. He returned to the city and lived as a servant with a rich merchant. He bought a cat to

Dick und die Glocken

Es war einmal im Mittelalter ein kleiner Waisenjunge namens Dick Whittington, der begab sich nach London. Er glaubte, die Straßen dort seien mit Gold gepflastert. Leider waren sie es nicht. Dick blieb arm und elend, bis er eines Tages beschloss, die Stadt zu verlassen.

Als er am Rande der Stadt Highgate Hill erreichte, hörte er die Glocken einer Londoner Kirche läuten. Sie schienen zu sagen:

« Kehr um, Whittington,
würdiger Bürger, Oberbürgermeister von London.
Kehr um, Whittington, würdiger Bürger,
dreimal Bürgermeister von London. »

Dick hatte das Gefühl, dass die Glocken zu ihm sprachen. Er kehrte in die Stadt zurück und lebte als Hausdiener bei einem reichen Kaufmann. Er kauf-

chase away the rats and mice in his poor attic bedroom.

When the merchant went on sea voyages he would take – besides his own merchandise – some goods from his servants to sell in the far countries. Dick had no possessions other than his cat. He offered it to his master, and together with the merchant's own goods and some things of his fellow servants, the cat was taken on board.

During the journey the merchant called at an island plagued with rats and mice. He sold Dick's cat for a huge fortune and upon his return gave Dick the money. Dick became a rich man and later, as the bells had foretold, became Lord Mayor of London – three times.

If you travel to Highgate Hill just outside London you will see a statue of Dick's cat. This commemorates the basic fact that in 1423 a man died whose name was Dick Whittington, a man from poor beginnings who became Lord Mayor of London three times.

Greater London has over 450 churches. Many have bells which ring in special combinations, pulled by teams of skilled people. Other buildings have bells too. The clock tower of the Houses of Parliament contains the famous "Big Ben Bell".

Here is a favourite nursery rhyme about some London church bells:

te sich eine Katze, die die Ratten und Mäuse in seiner armseligen Dachkammer vertilgen sollte.

Wenn der Kaufmann auf eine Seereise ging, nahm er immer neben seiner eigenen Handelsware auch Gegenstände seiner Hausangestellten mit, um sie für sie in den fernen Ländern zu verkaufen. Dick besaß nur die Katze. Diese Katze vertraute er seinem Herrn an, und sie wurde zusammen mit den Waren des Kaufmanns und ein paar Habseligkeiten der anderen Diener an Bord gebracht.

Auf dieser Reise besuchte der Kaufmann eine Insel, auf der eine Mäuse- und Rattenplage herrschte. Er verkaufte Dicks Katze für ungeheuer viel Geld, und das gab er Dick nach seiner Rückkehr. Dick wurde ein reicher Mann, und später wurde er, wie die Glocken vorhergesagt hatten, Oberbürgermeister von London – dreimal.

Wenn ihr nach Highgate Hill fahrt, könnt ihr, gleich außerhalb von London, eine Statue von Dicks Katze sehen. Die vermeldet als unbestreitbare Tatsache, dass 1423 ein Mann namens Dick Whittington starb, ein Mann aus armen Verhältnissen, der dreimal Oberbürgermeister von London wurde.

Groß-London hat über 450 Kirchen. Viele haben Glocken, die in verschiedenen Zusammensetzungen läuten und von mehreren erfahrenen Leuten gezogen werden. Auch andere Gebäude haben Glocken. Im Glockenturm des Parlamentsgebäudes befindet sich der berühmte « Big Ben ».

Hier ein beliebtes Kinderlied über einige Kirchenglocken von London:

"Oranges and Lemons,"
say the bells of Saint Clement's.
"I owe you five farthings,"
say the bells of Saint Martin's.
"When will you pay me?"
say the Bells of Old Bailey.
"When I grow rich,"
say the bells of Shoreditch.
"When will that be?"
say the bells of Stepney.
"I do not know,"
says the great bell of Bow.

Plague and Fire

In 1665 hardly anyone in London was left alive. In 1666 London burned like rotten sticks.

At that time London was a dirty and crowded place to live. Most houses were wooden. The sewage system was a ditch down the middle of the road.

One year a terrible plague struck London. Thousands died as the awful illness spread rapidly. Today children dance and sing a nursery rhyme which possibly recalls these events without having any knowledge of the sickness.

Ring a ring of roses,
A pocket full of posies,
Atishoo, atishoo!
We all fall down.

«Orangen und Zitronen»,
sagen die Glocken von St. Clement.
«Ich schulde dir fünf Groschen»,
sagen die Glocken von St. Martin.
«Wann bezahlst du sie mir?»,
sagen die Glocken des Old Bailey.
«Wenn ich reich werde»,
sagen die Glocken von Shoreditch.
«Wann wird das sein?»,
sagen die Glocken von Stepney.
«Das weiß ich nicht»,
sagt die große Glocke von Bow.

Pest und Feuer

1665 blieb kaum jemand in London am Leben. 1666 brannte London wie morsches Reisigholz.

Damals war London ein schmutziger Ort voller Menschen. Die meisten Häuser waren aus Holz. Das Abwassersystem bestand aus einem Graben in der Mitte der Straße.

Eines Jahres wurde London von einer schrecklichen Pest heimgesucht. Tausende starben, da sich die furchtbare Krankheit rasch ausbreitete. Heute singen die Kinder ein Kindertanzlied, das an das Ereignis erinnern soll, ohne dass sie etwas von der Krankheit wissen:

Flechtet einen Kranz aus Rosen,
Eine Tasche voller Blumen,
Hatschie, hatschie!
Wir fallen alle um.

They link arms in a circle and dance round as they sing the first two lines. On the third line they keep their arms linked whilst jumping up and down. On the last line they loosen their grip and fall down to the floor:

The words mean:

line 1 a rash on the skin
line 2 a terrible smell needing posies of flowers to mask it
line 3 a sneezing with the terrible fever
line 4 dropping down dead.

What a tragic song!

The year after the plague, a fire started in a bakery in Pudding Lane. The fire was so dreadful it has become known in history as the Great Fire of London. It spread throughout the entire old city with the wooden buildings quickly succumbing to the fire. It burned for many days.

There is a very accurate report about these terrible events, recorded by Samuel Pepys, a senior civil servant, in his diary. It is full of historical details and totally honest, describing Pepys' own human weakness and his touching generosity of spirit to those less fortunate than himself. The diary is a very good read for those who manage to improve their English with "snapshots of Britain".

When the fire finally died down, the old Cathedral of Saint Paul's was in ruins, as was Old London Bridge with its houses and shops. London was splendidly rebuilt but was never the

Die Kinder haken sich unter, bilden einen Kreis und tanzen zu den ersten zwei Zeilen einen Reigen. Bei der dritten Zeile – die Arme bleiben untergehakt – hüpfen sie auf und nieder. Bei der letzten Zeile lassen sie los und fallen auf den Boden.

Die Worte bedeuten:

1. Zeile: der Hautausschlag
2. Zeile: Gegen den schrecklichen Geruch braucht man Blumen
3. Zeile: Niesen bei schrecklichem Fieber
4. Zeile: Tot umfallen.

Was für ein trauriges Lied!

Ein Jahr nach der Pest brach in einer Bäckerei in Pudding Lane ein Feuer aus. Das Feuer war so furchtbar, dass es in der Geschichte als «das große Feuer von London» bekannt wurde. Es breitete sich über die ganze Altstadt mit ihren Holzgebäuden aus, die schnell Feuer fingen. Der Brand dauerte viele Tage.

Es gibt einen ausführlichen Bericht über die schrecklichen Ereignisse, verfasst von Samuel Pepys, einem höheren Beamten, in seinem Tagebuch. Der Bericht ist voller geschichtlicher Einzelheiten und absolut glaubwürdig; er beschreibt Pepys' eigene Unvollkommenheit und seine anrührend großherzige Haltung gegenüber Menschen, denen es weniger gut geht als ihm selbst. Das Tagebuch ist eine gute Lektüre für alle, die ihr Englisch durch «Britische Schnappschüsse» vervollkommnen möchten.

Als das Feuer schließlich erlosch, lag die alte Kathedrale von St. Paul in Schutt und Asche, ebenso die Old London Bridge mit ihren Häusern und Läden. London wurde wieder prächtig aufgebaut, aber es wurde nie

same again. However, the fire had cleaned out the plague, much to the relief of the people.

Monuments

London has many monuments, ancient and modern. One monument is called "The Monument" and is a column built by the architect Sir Christopher Wren in memory of the Great Fire near to the bakery where it first started. Saint Paul's Cathedral was rebuilt by the same architect; he designed much of London after the Great Fire.

Almost every family in England will, at some time, take their children to visit the capital city of London and show them all the famous buildings and monuments. On such a visit when I was eight years old, my father took me on a tour to the very top of the Monument where there is a platform from which you can see into the far distance. The guide who was talking about the history of the Monument and about its fine panorama lifted me up and said: "Do you see that tall building in the distance? It is the Eiffel Tower." To which I replied: "Oh really I can see it!" All the people around laughed. You can see a good distance from there, but not that far!

Perhaps the most famous monument is the Tower of London. The White Tower at the centre was built by William the Conqueror. Many famous people were imprisoned within.

mehr das, was es gewesen war. Immerhin hatte das Feuer die Pest beseitigt, sehr zur Erleichterung der Leute.

Denkmäler

London hat viele Denkmäler, alte und moderne. Eines heißt einfach «Das Monument»; es ist eine Säule, die der Architekt Sir Christopher Wren zur Erinnerung an das große Feuer errichtete, und zwar in der Nähe der Bäckerei, in der es ausbrach. Die St. Pauls Kathedrale wurde von dem gleichen Architekten wieder aufgebaut; er hat nach der Feuersbrunst auch für große Teile von London die Pläne erstellt.

Fast jede Familie in England fährt irgendwann einmal mit ihren Kindern in die Hauptstadt London, um ihnen all die berühmten Gebäude und Denkmäler zu zeigen. Bei einem solchen Besuch – ich war acht Jahre alt – nahm mein Vater mich zu einer Führung auf die äußerste Spitze des «Monuments» mit, wo sich eine Plattform befindet, von der aus man eine weite Sicht hat. Der Führer, der über die Geschichte des «Monuments» und über das herrliche Panorama sprach, hob mich hoch und sagte: «Siehst du das hohe Gebäude dort in der Ferne? Das ist der Eiffelturm.» Ich antwortete: «O tatsächlich, ich kann ihn sehen.» Die Leute rundherum lachten. Man kann zwar von dort oben ziemlich weit sehen, aber nicht so weit!

Das vielleicht berühmteste Denkmal ist der Tower von London. Der Weiße Turm in der Mitte wurde von Wilhelm dem Eroberer erbaut; dort waren viele berühmte Leute eingekerkert.

One of them, a Lord Monmouth accused of treason, the highest form of crime, had his head chopped off with the sword there. According to legend, immediately after the execution the King found that there existed no portrait of the noble Lord anywhere in the country. The monarch insisted the man's head be sewn on and a portrait painted. So a ruff was placed round the neck and an artist summoned to paint the grim portrait. No one is quite sure where the portrait is now housed or even if it has been sold to another country. So, should you, anywhere on earth, see a portrait of a Lord Monmouth looking somewhat pale, you will know why. Whatever, this legend makes quite a good story!

Three modern and distinctive buildings are monuments to present-day commerce and architecture. These are the Lloyd's Insurance Brokers Building in the City of London (the size of the City of London is one square mile), the National Westminster Bank Tower and Canary Wharf Tower in Docklands. The Lloyd's Building is a highly modern steel-and-glass structure with pipes, electrical circuits, service tubes etc. on the outside of the building, creating a rather odd look; however, the design is original and innovative. Canary Wharf Tower is 150 metres high with a pyramid top and can be seen as far away as Enfield in Middlesex (but not from the top of the Eiffel Tower). The building has a simplicity which many find attractive. There are many very tall buildings in the square mile of the City which now dwarf St. Paul's Cathedral including

Einer von ihnen, ein Lord Monmouth, des Hochverrats, des schlimmsten Verbrechens überhaupt, beschuldigt, wurde mit dem Schwert geköpft. Der Legende nach stellte der König gleich nach der Hinrichtung fest, dass es im ganzen Land kein Bildnis von dem edlen Lord gab. Der Monarch bestand darauf, dass sein Kopf wieder angenäht und ein Bildnis gemalt werde. So wurde ihm eine Halskrause umgelegt, und man ließ einen Künstler kommen, der das grimmige Bild malen musste. Niemand weiß so recht, wo es sich jetzt befindet, oder ob es am Ende in ein anderes Land verkauft worden ist. Also: wenn ihr irgendwo auf der Welt das Bildnis eines Lord Monmouth seht, der etwas blass aussieht, dann wisst ihr, warum. Wie auch immer, es ist auf jeden Fall eine gute Geschichte.

Drei auffällige moderne Gebäude sind Denkmäler der Wirtschaft und Architektur von heute: Das Gebäude der Lloyds-Versicherung in der Londoner Innenstadt (die Größe der Innenstadt beträgt eine Quadratmeile, also etwa 1,7 Kilometer im Quadrat), das National-Westminster-Bank-Hochhaus und das Canary-Wharf-Hochhaus in den Docklands. Der Lloyds-Bau ist ein sehr modernes Bauwerk aus Stahl und Glas mit Rohrleitungen, Stromkreisen, Anschlussrohren usw. an der Außenseite des Gebäudes. Das sieht ziemlich sonderbar aus, aber es ist ein origineller Entwurf, wirklich etwas Neues. Das Canary-Wharf-Hochhaus mit einem Pyramidendach ist 150 Meter hoch; man kann es von weither sehen, zum Beispiel von Enfield in Middlesex (allerdings nicht von der Spitze des Eiffelturms). Das Gebäude ist von einer Einfachheit, die vielen gefällt. Inzwischen überragen etliche sehr hohe Gebäude in der Innenstadt die St. Pauls Kathedrale,

the fascinating tower which has been given the nickname "The Gherkin"; when you see it you will know why!

The Thames

London's river is sometimes called "Old Father Thames", a term which reflects the affection which is felt for the river by many British people.

During the year 896 the Danes drew their ships up the Thames and fortified themselves

unter ihnen der faszinierende Turm, den man den Spitznamen «The Gherkin» (Essiggurke) gegeben hat. Wenn du ihn siehst, wirst du es verstehen.

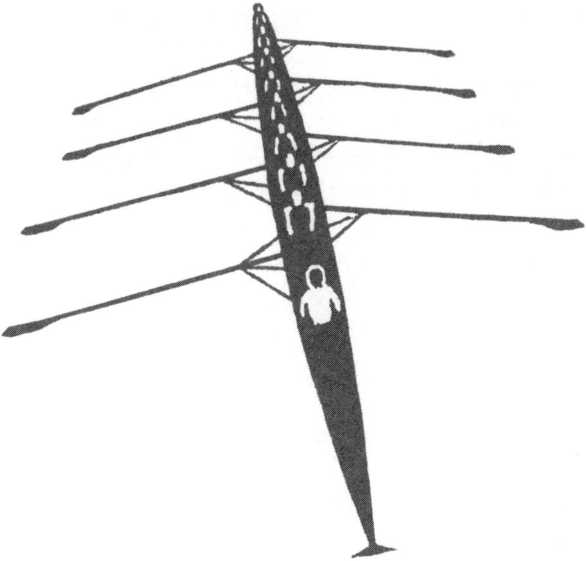

Die Themse

Londons Fluss wird manchmal «Väterchen Themse» genannt, eine Bezeichnung, die die Zuneigung widerspiegelt, die viele Briten für den Fluss empfinden.

Im Lauf des Jahres 896 zogen die Dänen mit ihren Schiffen die Themse aufwärts und bauten zwanzig Meilen vor London eine Festungsanlage. Ein Angriff gegen

twenty miles from London. An attack on the Danish lines failed, but King Alfred saw a means of obstructing the river so as to prevent the progress of the Danish ships. The Danes realised they were not going to win and retired to parts of Northern England already in their control. This enabled Alfred to establish his kingdom with London as a growing centre of trade.

There are a variety of bridges and tunnels spanning the river. London Bridge, perhaps the most famous, has been replaced many times. This old poem tells of some of them:

London bridge is falling down
falling down, falling down,
London bridge is falling down
My fair lady.

Build it up with wood and clay
Wood and clay, wood and clay,
It will last for many a day
My fair lady.

Build it up with stone so strong
Stone so strong, stone so strong,
It will last for ages long
My fair lady.

Build it up with arches smooth
Arches smooth, arches smooth,
It will last for ever more
My fair lady.

die dänischen Linien schlug fehl, aber König Alfred fand eine Möglichkeit, den Flusslauf so zu unterbrechen, dass es keine Ausfahrt für die dänischen Schiffe mehr gab. So mussten die Dänen einsehen, dass sie den Krieg nicht gewinnen konnten; sie zogen sich in Gebiete im nördlichen England zurück, wo sie schon die Oberhand hatten. Dadurch konnte Alfred sein Königreich festigen – mit London als wachsendem Handelszentrum.

Es gibt eine Menge Brücken und Tunnel, die das eine Ufer mit dem anderen verbinden. London Bridge (die Londoner Brücke), die wohl berühmteste, wurde oftmals erneuert. Dieser alte Kindervers spricht davon:

Seht, die London-Brücke bricht,
Brücke bricht, Brücke bricht,
seht, die London-Brücke bricht,
schöne Herrin!

Baut sie auf mit Holz und Lehm,
Holz und Lehm, Holz und Lehm,
viele Tage wird sie stehn,
schöne Herrin!

Baut sie auf mit festem Stein,
festem Stein, mit festem Stein,
sie wird fest für Jahre sein,
schöne Herrin!

Baut ihr sie auf Bögen weit,
schlank und fein, schlank und fein,
wird sie stehn in Ewigkeit,
schöne Herrin!

Since 1771 a system of locks and canals has ensured close control of the river basin. Consequently London became an international port. The latest control system is the Thames Barrier which is raised when spring tides combine with heavy rains. This virtually eliminates the possibility of widespread flooding in London.

Once a year in March there is a boat race on the river between Putney Bridge and Mortlake. Can you find it on a map? Teams from England's two great universities, Oxford and Cambridge, compete for the prize. There has been great rivalry between the teams since 1829 when the race was first held. Sometimes the teams have terrific arguments, both in the water and on the land, sometimes boats even sink; but the race continues. Every year large crowds stand all along the river bank to cheer the team of their choice.

A King of World Renown

London became the seat of kings and queens after William the Conqueror triumphed over England. Buckingham Palace is the London residence of the present Queen, Elizabeth the Second.

Perhaps England's most famous – some would say: "infamous" – monarch was King Henry the Eighth. King Henry is renowned for his exploits and his amazing character. However, there is

Seit 1771 gewährleistet eine Kanal- und Schleusenanlage die vollständige Überwachung des Themsebeckens; dadurch wurde London zum internationalen Hafen. Die jüngste Kontrollanlage ist die Fluss-Sperre, die emporgezogen wird, wenn Springfluten mit schweren Regengüssen zusammenfallen. Das schließt eigentlich die Möglichkeit von Überschwemmungen größeren Ausmaßes aus.

Alljährlich im März findet ein Bootsrennen auf dem Fluss zwischen Putney Bridge und Mortlake statt. Könnt ihr es auf der Landkarte finden? Mannschaften von Englands beiden großen Universitäten, Oxford und Cambridge, wetteifern um den Sieg. Schon seit dem ersten Wettkampf im Jahre 1829 herrscht zwischen ihnen eine große Rivalität. Manchmal streiten sich die Mannschaften fürchterlich, im Wasser und an Land, manchmal gehen sogar Boote unter; das Rennen aber geht weiter. Jedes Jahr stehen die Menschen dichtgedrängt das ganze Ufer entlang, um ihre Lieblingsmannschaft anzufeuern.

Ein König von Weltruf

Nachdem Wilhelm der Eroberer über England gesiegt hatte, wurde London der Sitz von Königen und Königinnen. Der Buckingham Palast ist die Londoner Residenz der gegenwärtig amtierenden Königin, Elisabeth II.

Englands wohl berühmtester (einige würden sagen berüchtigtster) Herrscher war König Heinrich VIII. König Heinrich ist bekannt wegen seiner großen Taten und seines unbegreiflichen Charakters. Es gibt jedoch

much about him which the world and even English people do not know, for instance:

He established and developed the royal Navy.

He consolidated central government and abolished feudalism.

He improved and developed the parliamentary system.

He was a despot who kept within the law.

He greatly cared for the British Isles and saw a need for unity between their peoples.

He was a fine musician.

He was, in his youth, an excellent sportsman.

Most people have only heard about his bad characteristics, especially the treatment of his wives. He was desperate to get a son to seal the royal line. In the process of achieving this aim he worked his way through six wives:
Catherine of Aragon
Anne Boleyn
Jane Seymour
Anne of Cleves
Catherine Howard
Catherine Parr.

What happened to each one can be easily remembered by this little rhyme:
Divorced
Beheaded
Died
Divorced
Beheaded
Survived.

sehr viel über ihn zu sagen, wovon die Welt und selbst Engländer nichts wissen; zum Beispiel:

Er schuf die Kriegsmarine und baute sie aus.

Er stärkte die Zentralregierung und schaffte das Feudalsystem ab.

Er verbesserte und entwickelte das parlamentarische System.

Er war ein Despot, der sich an die Gesetze hielt.

Die Britischen Inseln lagen ihm sehr am Herzen, und er wünschte sich Einigkeit zwischen den Volksgruppen.

Er war ein guter Musiker.

In seiner Jugend war er ein ausgezeichneter Sportler.

Die meisten Leute haben nur von seinen schlimmen Wesenszügen gehört, besonders was die Behandlung seiner Frauen betrifft. Er sehnte sich schrecklich nach einem Sohn, um die Thronfolge zu sichern. Um dieses Ziel zu erreichen, hat er sechs Ehefrauen verschlissen:
Katharina von Aragonien
Anne Boleyn
Jane Seymour
Anna von Kleve
Catherine Howard
Catherine Parr.

Was mit den Einzelnen geschah, ist leicht zu merken anhand dieses kurzen Verses:
geschieden
geköpft
verstorben
geschieden
geköpft
überlebt.

Henry appears to have been an arrogant self opinionated man but he made an unforgettable mark on these islands, its peoples and naturally on his poor beheaded wives.

Queen Mother Elizabeth

The late wife of King George the Sixth, affectionately called the "Queen Mum", lived the whole of the 20th century and died at the grand age of 101 on Holy Saturday 2002. She, alongside her husband, was an inspiration to the British people during the dark days of the war.

In 1940, after Buckingham Palace was bombed – some time later than the working-class quarters in the eastern parts of the City – she is recorded as saying, "Now we can look the East End in the face."

When the German invasion was imminent she was asked if she and the children would go to a safer country. Her response was, "The children will not leave unless I do. I shall not leave unless their father does. And the King will not leave his country in any circumstances whatsoever."

Many years after the war when sitting for a portrait, the artist suggested touching up the lines on her face. This was her answer, "I would not want it to be thought that I had lived for all these years without having anything to show for it."

When she died the BBC miscalculated the immensity of the public interest in her and the an-

Heinrich scheint ein hochmütiger und rechthaberischer Mann gewesen zu sein, aber er hat Bleibendes bewirkt – für die britischen Inseln und deren Menschen und natürlich für seine armen enthaupteten Gemahlinnen.

Die Königin-Mutter Elizabeth

Die kürzlich verstorbene Gattin von König Georg VI., liebevoll «Queen Mum» genannt, lebte das gesamte 20. Jahrhundert und starb im stattlichen Alter von 101 Jahren am Karsamstag 2002. An der Seite ihres Mannes, war sie ein moralischer Rückhalt für die Briten während der finsteren Kriegsjahre.

Als 1940 der Buckingham-Palast von Bomben getroffen wurde – einige Zeit nach den Arbeitervierteln in den östlichen Stadtteilen –, soll sie gesagt haben: «Nun können wir denen in London-Ost wieder in die Augen schauen.»

Als die deutsche Invasion drohte, wurde sie gefragt, ob sie und die Kinder nicht in ein sichereres Land gehen wollten. Ihre Antwort war: «Die Kinder gehen nicht weg, wenn ich nicht gehe. Ich gehe nicht, wenn nicht ihr Vater geht. Und der König wird sein Land unter gar keinen Umständen verlassen.»

Als viele Jahre nach dem Krieg ein Porträt von ihr angefertigt wurde, schlug der Künstler vor, die Falten in ihrem Gesicht wegzuretuschieren. Die Königin-Mutter widersprach: «Ich möchte nicht, dass jemand denkt, ich hätte alle diese Jahre gelebt, aber nichts vorzuweisen.»

Als sie starb, unterschätzte die BBC das enorme Interesse des Volkes an ihr und brachte anfangs nur eine

nouncement of her death at first was very low-key. However, vast numbers of people crowded into London to pay their last respects, filing past her coffin which was placed in the oldest part of the Houses of Parliament, Westminster Hall. Princes Charles, William and Harry all stood on duty in

kurze Nachricht von ihrem Tod. Massen von Menschen strömten jedoch nach London, um an dem im ältesten Teil des Parlaments, in Westminster Hall, aufgestellten Sarg vorbeizuziehen und ihr die letzte Ehre zu erweisen. Die Prinzen Charles, William und Harry hielten die Tage vor dem Begräbnis dort

the Hall during the days she lay there before the funeral. A fitting end for a queen who had done so much to inspire the nation in testing times.

From London due West

London is a cosmopolitan city, but by travelling only a short distance you will soon observe traditional customs and habits. A fascinating journey would be to travel from London due west.

Snapshots could be taken at Stonehenge, a prehistoric site of large standing stones; which we now know came from an area of South Wales. Great mystery surrounds this edifice, and all kinds of proposals have been made about its origin but no concrete evidence exists which would illuminate its purpose or historic setting; at Salisbury with its cathedral which, unique in the medieval age, was begun and completed in one brief period (1220–1266) and whose steeple of 130 metres is the highest in England; at Winchester, the city of King Alfred the Great – a picturesque historic place in whose steep narrow High Street you will find some of the oldest houses in England; and you would use many films taking snapshots at the end of this route by visiting Bath.

Bath was so named because of the abundant supply of natural hot springs which the Romans developed into a vast bath and spa complex. The spirit of the Roman occupiers can be strongly

Wache. Ein durchaus angemessenes Ende für eine Königin, die in schweren Zeiten so viel für ihr Volk getan hat.

Von London nach Westen

London ist eine Weltstadt, doch schon nach einer kurzen Reise trefft ihr auf alte Bräuche und Sitten. Sehr reizvoll wäre eine Fahrt von London genau nach Westen.

Man könnte Schnappschüsse in Stonehenge machen, einem vorgeschichtlichen Ort mit großen, aufrecht stehenden Steinblöcken, die, wie wir heute wissen, aus einer Gegend von Südwales stammen. Ein großes Geheimnis rankt sich um dieses Bauwerk, über dessen Ursprung es alle möglichen Theorien gibt, während jeder verlässliche Beleg fehlt, der den Zweck oder historischen Stellenwert erklären könnte; in Salisbury mit seiner Kathedrale, deren Bau, einzigartig im Mittelalter, in der kurzen Zeitspanne zwischen 1220 und 1266 begonnen und vollendet wurde und dessen 130 Meter hoher Spitzturm der höchste Englands ist; in Winchester, der Stadt König Alfreds des Großen, einem malerischen historischen Ort, in dessen steiler, enger Hauptstraße einige der ältesten Häuser Englands stehen; und am Ende dieser Fahrt würdet ihr bei einem Besuch in Bath sicher eine Menge Fotos machen.

Bath hat seinen Namen von den vielen natürlichen heißen Quellen; schon die Römer hatten hier einen riesigen Kur- und Badeort geschaffen. Wenn man zwischen den antiken Überresten spazierengeht, kann

felt as you walk amongst the remains. Drink the waters or perhaps take a swim! The waters are said to be very good for your health.

The 18th century saw the development of Georgian Bath with the magnificent architecture of John Wood and Richard Nash. The genius of Wood – the re-discoverer and re-builder of Bath and one of the pioneers of town planning – fused the various traditions of the city, geographically, historically and socially into a grand architectural impression.

English Tea

On any journey through the English countryside you should take the opportunity to visit a tea shop and take traditional English tea. There are many tea shops in the towns and villages and these are pretty, even perhaps a little quaint. One of the best is in the city of Truro in Cornwall above the Coinage Hall!

Perhaps you would like to make and drink English tea in your own home. The traditional teatime is 3 o'clock in the afternoon but of course tea can be taken at any time. A good cup of tea needs a good teacup: traditional English bone china. Worcester, Wedgwood, Coleport, Aynsley are all recommended. Some people enjoy tea in pottery; some popular makes are Spode and Denby. These are attractive designs, but tea in traditional style should be served in bone china.

Bring to boil freshly drawn water – sufficient for

man den Geist der römischen Besatzer deutlich spüren. Trinkt von dem Wasser oder nehmt vielleicht ein Bad! Das Wasser soll sehr gut für die Gesundheit sein.

Das 18. Jahrhundert brachte das Georgianische Bath hervor – mit der herrlichen Architektur von John Wood und Richard Nash. Der geniale Wood – er war der Wieder-Entdecker und Wieder-Erbauer von Bath und einer der ersten eigentlichen Städteplaner – vereinigte die verschiedenen Gegebenheiten der Stadt, die landschaftlichen, historischen und sozialen, zu einer großartigen architektonischen Gestalt.

Englischer Tee

Auf jeder Fahrt durch die englische Landschaft solltet ihr einmal in eine Teestube gehen und traditionellen englischen Tee trinken. In den Städten und kleineren Orten gibt es viele Teestuben; die sind recht hübsch, wenn auch wohl etwas altmodisch. Eine der besten ist in der Stadt Truro in Cornwall über der Coinage Hall.

Vielleicht habt ihr schon zu Hause Lust, englischen Tee zuzubereiten und zu probieren? Die übliche Zeit zum Teetrinken ist drei Uhr nachmittags, aber natürlich kann zu jeder Zeit Tee getrunken werden. Eine gute Tasse Tee verlangt eine gute Teetasse: traditionelles englisches Porzellan. Worcester, Wedgwood, Coleport und Aynsley sind alle zu empfehlen. Manche Leute trinken Tee gern aus Keramik-Geschirr; beliebte Fabrikate sind Spode und Denby. Das ist zwar hübsches Geschirr, aber Tee nach echter Tradition sollte in Porzellan serviert werden.

Frisches Wasser aus der Leitung – pro Person gut zwei

two cups per person – and pour a little into the teapot, leave for a couple of minutes to warm. Empty the pot and put into it one teaspoon of tea per person plus one extra for the pot. The best teas are Indian teas like Darjeeling, Assam or Ceylon. Bring the water back to the boil and taking the pot to the kettle, pour the boiling water immediately into the pot. Fill to the top and stir. Place the lid on the pot and cover with a tea-cosy, which keeps the pot warm. Leave this for approximately three minutes to brew (or mash or make or stew or draw – various titles are used in different parts of the country). Remove the cosy and pour into the teacups which should already contain about 30 millilitres of fresh cold milk. The colour of the tea is now orange-brown. Use a tea-strainer as the tea is poured. Sugar may be added as desired.

Teatime should also include some sweetmeats, for example brown bread and butter perhaps with honey, jam spread on teacakes or fruit cake. If you are in Devon or Cornwall you will also be served with delicious scones and clotted cream.

Teatime has traditionally been a genteel activity which we should not sacrifice to the pace of modern life. A teabag in a mug will not do.

Stands the church clock at ten to three
And is there honey still for tea?

Rupert Brooke

Tassen – zum Kochen bringen, ein wenig davon in die Teekanne gießen und ein paar Minuten zum Wärmen darin lassen. Nun wegschütten und einen Teelöffel Teeblätter pro Person und einen Teelöffel zusätzlich in die Teekanne geben. Am besten sind indische Teesorten wie Darjeeling, Assam oder Ceylon. Das Wasser nochmals zum Kochen bringen, die Teekanne neben den Wasserkocher stellen und das sprudelnde Wasser in die Kanne schütten. Vollfüllen und umrühren. Deckel draufsetzen und Teewärmer drüber stülpen, damit die Kanne warm bleibt. Ungefähr drei Minuten ziehen lassen (es gibt dafür verschiedene Ausdrücke, je nach Region). Teewärmer entfernen und Tee in die Tassen gießen, in denen schon etwa 30 Milliliter frische, kalte Milch sein sollte. Die Farbe des Getränks ist jetzt orange-braun. Beim Einschenken ist es ratsam, ein Teesieb zu verwenden. Zucker nach Wunsch hinzufügen.

Zum Tee gehört nun noch etwas Süßes zu Essen, wie frisches dunkles Brot mit Butter und vielleicht Honig oder Teegebäck mit Marmelade darauf oder Englischer Kuchen. In Devon und Cornwall wird außerdem köstliche «Clotted Cream» zu Scones gereicht.

Die Teestunde ist ein vornehmer Brauch, den wir nicht der Hetze des modernen Lebens opfern sollten. Mit einem Teebeutel in der Kanne ist es nicht getan.

When I was a girl, one of the tests of being a good Brownie (a junior girl scout) was to make a cup of tea. On the day of my test to win the Tea-Making Badge, the captain of the company told me that a very important examiner was coming to try my tea. This made me nervous and when I poured the tea into the teacups it was absolutely white: I had forgotten to put the tea into the teapot. Fortunately the kind captain allowed me to try again and this time I remembered the tea and won my badge.

The West Country

England is divided into administrative and geographic areas called counties. These counties were established and the boundaries laid down by teams of men sent around the country for that purpose at the time of Alfred the Great. In 1972 the government of the day changed these boundaries and some of the names of these ancient counties. Many people were aggrieved by this and continue to use the old county names.

In the United Kingdom there is often confusion about the words "country" and "county" so, to make the difference clear, remember:

Country is the whole area.

County is a small area within the country.

But now, to really confuse you! If you look at the map of England you will observe that the south-western part resembles a leg: This is

Zu meiner Zeit musste ein junges Mädchen, um den Test als ordentliche « Brownie » (Jung-Pfadfinderin) zu bestehen, eine Tasse Tee kochen. Das war eine der Prüfungsaufgaben. An dem Tag, als ich das Abzeichen für Teekochen machen sollte, sagte mir die Gruppenleiterin, dass eine sehr wichtige Prüferin meinen Tee probieren würde. Das machte mich aufgeregt, und als ich den Tee in die Tassen goss, war er ganz weiß: ich hatte vergessen, Teeblätter in die Kanne zu tun. Zum Glück erlaubte mir die nette Gruppenleiterin, es noch mal zu versuchen. Diesmal dachte ich an den Tee und bekam mein Abzeichen.

Der englische Westen

England ist in geographische Verwaltungsbezirke aufgeteilt, die sogenannten Grafschaften. Diese Grafschaften und ihre Grenzen wurden im 9. Jahrhundert zur Zeit Alfreds des Großen von Kommissionen festgelegt, die zu diesem Zweck durch das Land gesandt wurden. 1972 änderte die damalige Regierung die Grenzziehung und einige Namen alter Grafschaften. Viele Leute ärgern sich darüber und gebrauchen weiterhin die alten Namen.

In Großbritannien gibt es oft Verwirrung mit den Wörtern « country » und « county ». Damit ihr sie auseinanderhalten könnt, prägt euch ein:

Country ist das ganze Land.

County ist ein kleineres Gebiet innerhalb des Landes, eine Grafschaft.

Aber nun, um euch vollends zu verwirren: Wenn ihr auf die Karte von England seht, werdet ihr feststellen, dass der südwestliche Teil wie ein Bein aussieht:

the West Country which is the collective name given to the counties of Cornwall, Devon, Dorset, Somerset and the city of Bristol. The South-West is not a country like England, Wales, Scotland, Ireland but has traditionally had the title "The West Country". It is a beautiful part of England with pretty villages, narrow lanes and high hedgerows.

Devon has two large moorlands called Exmoor and Dartmoor. Both are lonely and awesome areas providing forage for wild ponies and bracing walks for people who enjoy fresh air. You will certainly need stout boots and a map.

In the centre of Dartmoor is the forbidding Dartmoor Prison. It was originally constructed to house French prisoners of war, but today it is one of Britain's maximum security prisons. Very occasionally dangerous prisoners escape from the building, but the remote and wild moor very soon conquers their will to succeed. Escapees have been known to return to the prison, knock on the door and ask to be readmitted.

One of the most beautiful villages on Dartmoor is Widecombe-in-the-Moor. Each year the people of the village hold the popular Widecombe (pronounced Widdicoom) Fair. An ancient ballad, "Tom Pearse's Mare", tells the story of some local characters who borrowed a friend's horse in order to visit the fair. Their cruelty killed the poor horse as they all piled in a drunken state on its back. The ballad tells how the ghost of the poor horse appears on the moor at night to haunt the men who perpetrated the

Das ist das « West Country », ein Sammelname für die Grafschaften Cornwall, Devon, Dorset, Somerset und die Stadt Bristol. Der Südwesten ist kein Land wie England, Wales, Schottland oder Irland, wird aber trotzdem üblicherweise « West Country » genannt. Es ist ein wunderschöner Teil von England mit hübschen Dörfern, schmalen Landstraßen und hohen Hecken.

Devon hat zwei ausgedehnte Moorlandschaften, Exmoor und Dartmoor. Beides sind einsame, unheimliche Gebiete, in denen es Weideflächen für wilde Ponys gibt und erholsame Spazierwege für Leute, die gern an der frischen Luft sind. Man braucht dort unbedingt festes Schuhwerk und eine Landkarte.

Mitten in Dartmoor befindet sich das unheimliche Dartmoor-Gefängnis. Ursprünglich war es als Unterkunft für französische Kriegsgefangene gebaut worden; heute ist es eines der britischen Hochsicherheitsgefängnisse. Ganz selten einmal fliehen gefährliche Gefangene aus der Anstalt, aber das weitläufige, unwegsame Moor lässt sie bald aufgeben. Man hat von entsprungenen Häftlingen gehört, die ins Gefängnis zurückkehren, an die Tür klopfen und um Wiederaufnahme bitten.

Eines der schönsten Dörfer in Dartmoor ist Widecombe im Moor. Jedes Jahr veranstalten dort die Leute den beliebten Widecombe Fair, eine Art Jahrmarkt. Eine alte Ballade, ‹ Die Stute des Tom Pearse ›, erzählt die Geschichte von ein paar Burschen aus dem Ort, die sich von einem Freund das Pferd liehen, um den Jahrmarkt zu besuchen. Sie brachten das arme Pferd um, indem sie sich, betrunken wie sie waren, alle zugleich auf seinen Rücken setzten. Die Ballade erzählt davon, wie des Nachts über dem Moor der Geist des armen Pferds erscheint, um die Männer, die diese grausame Tat begangen hatten, heimzusuchen. Alle

cruel deed. All the names of the persons in the story are local names you will find to this very day in Devon. Here is a snippet of the ballad:

Tom Pearse, Tom Pearse lend me your grey mare,
All along, out along, down along lee,
For I want for to go to Widecombe Fair
With Bill Brewer, Jan Stewer, Peter Gurney,
Peter Davy, Dan'l Whiddon, Harry Hawk,
Old Uncle Tom Cobleigh and all,
Old Uncle Tom Cobleigh and all.

Saint George

There once lived a king and his hard-working but happy subjects. Unfortunately their fine state of peace came suddenly to an end when a terrible dragon arrived and demanded young girls from the village to eat. Every week a girl was to be fed to the dragon as destined by lots.

Personennamen in der Geschichte sind Namen, die noch heute in den Dörfern von Devonshire zu finden sind. Hier ein kurzes Stück aus der Ballade:

Tom Pearse, leih mir deinen Grauschimmel heut
Nur mal hin, nur mal her, gleich wieder da.
Ich brauch ihn, dass ich nach Widecombe reit …

Sankt Georg

Einst lebte ein König, dessen Untertanen ein fleißiges und zufriedenes Leben führten. Ihr Glück fand leider mit einem Mal ein Ende, als ein schrecklicher Drache kam und junge Mädchen aus dem Dorf zum Fressen verlangte. Jede Woche sollte ein Mädchen durch das Los bestimmt und dem Drachen ausgeliefert werden.

Naturally, it happened that eventually the lot fell upon the King's daughter. The King and all his knights debated how they might stand up to the dreadful enemy, but not a single idea was forthcoming. It was hopeless to fight against a fire-belching monster.

The day the princess was to be given to the dragon, a stranger appeared in shining armour. He was strong, brave and good and his name was George. "I will kill the dragon," he said.

Both King and people were amazed at his bravery. Some tried to dissuade him, but George would not listen. "No," he said, "I will fight, and God will give me the victory."

With that he drew his sword and attacked the dragon, which immediately began to shoot out fire from his mouth.

Nobody believed that it was possible to withstand a dragon shooting fire, but George fought bravely until the sun set when he finally landed such a massive blow with his sword that the dragon was left dead at his feet.

The people let out a great cheer. "How can we honour the bravery of this man?" they enquired of the King. The King drew his sword and asked George to kneel before him. With a tap on each shoulder he pronounced him Sir George. "Arise, my good man," the King said. "All England shall remember this day in the future. Whenever England is in trouble the name of George will stir and strengthen the people for battle."

Natürlich kam es so weit, dass einmal das Los auf die Königstochter fiel. Der König und alle seine Ritter berieten, wie sie diesem furchtbaren Feind entgegentreten könnten, aber dabei kam kein einziger guter Vorschlag heraus. Es war aussichtslos, gegen ein feuerspeiendes Ungeheuer zu kämpfen.

An dem Tag, an dem die Prinzessin dem Drachen übergeben werden sollte, erschien ein Fremder in blanker Rüstung. Er war stark, tapfer und gut, und sein Name war Georg. «Ich werde den Drachen töten!», sagte er.

Der König und seine Leute staunten über seine Tapferkeit. Einige versuchten ihn von seinem Vorhaben abzubringen, doch Georg hörte nicht auf sie. «Nein», sagte er, «ich will kämpfen, und Gott wird mir den Sieg geben.»

Mit diesen Worten zog er sein Schwert und griff den Drachen an. Der begann sofort Feuer zu speien.

Niemand hielt es für möglich, dass ein feuerspeiender Drache zu besiegen sei, aber Georg kämpfte tapfer, bis die Sonne unterging, und da gelang ihm schließlich ein so kräftiger Schlag mit dem Schwert, dass der Drache tot zu seinen Füßen niedersank.

Die Leute brachen in große Freudenrufe aus. «Wie können wir die Tapferkeit dieses Mannes belohnen?», fragte das Volk den König. Der König zog sein Schwert und forderte Georg auf, vor ihm niederzuknien. Mit einem leichten Schlag auf jede Schulter ernannte er ihn zu Sir George. «Erhebe dich, mein Guter», sagte der König. «Ganz England soll diesen Tag nie vergessen! Wann immer England in Not ist, wird der Name Georg die Menschen zum Kampfe anfeuern und stärken.»

Finally the famous knight was canonised and became Saint George. Since that day the battle cry "For England and Saint George" has inspired the English nation whenever it faced an enemy.

The Iron Bridge

Turning north from the West Country you can journey to the Midlands. The Midlands are often undervalued by citizens from other parts of the country. An important area for Great Britain is the Black Country, so named because during the industrial age many buildings were blackened by pollution.

Travelling on in western direction from the Black Country you will reach Shropshire, home of the world's first Iron Bridge. In 1708 Abraham Darby was the first man to smelt iron ore using coke instead of charcoal thus speeding development of iron and steel. At Coalbrookdale the world's first cast-iron bridge was designed and built by the Darby family firm. In 1779

Zuletzt wurde der berühmte Ritter heiliggesprochen und wurde Sankt Georg. Von da an hat der Schlachtruf « Für England und Sankt Georg » die englische Nation im Angesicht des Feindes stets mit Mut erfüllt.

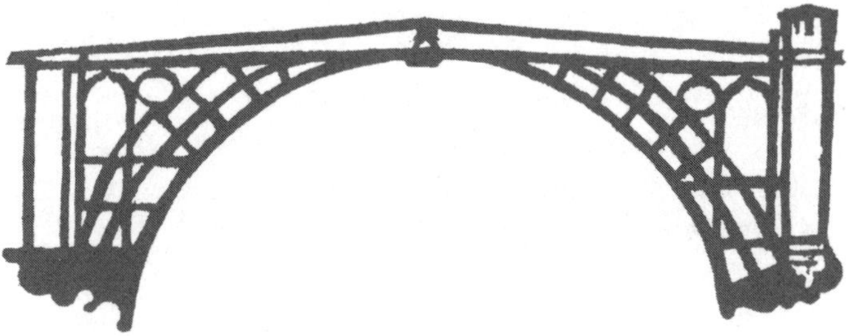

Die Eiserne Brücke

Vom West Country in Richtung Norden kann man nach Mittelengland, in die Midlands, reisen. Dieses Gebiet wird von Bewohnern anderer Teile des Landes oft unterschätzt. Ein für ganz Großbritannien wichtiges Gebiet dort ist das « Schwarze Land », so genannt, weil im frühen Industriezeitalter viele Gebäude durch die Luftverschmutzung schwarz wurden.

Fährt man nun in westlicher Richtung weiter, gelangt man nach Shropshire, wo die weltweit erste Eiserne Brücke steht. Im Jahre 1708 schmolz Abraham Darby als Erster Eisenerz mit Koks statt mit Holzkohle zur schnelleren Gewinnung von Eisen und Stahl. In Coalbrookdale wurde von dem Familienunternehmen Darby die erste gusseiserne Brücke der Welt entworfen und gebaut. Im Jahre 1779 wurde sie über den Fluss

it was put in place over the river Severn at Coalbrookdale. The village which grew around the bridge is called Ironbridge.

Today, the centre of this area has been preserved as a whole series of superb museums showing the way of life during that period from about 1780 to 1950. The museum complex has won many awards for innovation and educational value, and many other museums across the UK have followed its example. These are well worth a visit.

The Iron Bridge is no longer used for traffic, but you may walk across it and view the beauty of its design whilst thinking of the impact this amazing development had upon the whole industrial world.

Just down the river from the Iron Bridge is Coalport, which also developed at that time, and where some of England's finest china was first crafted. It also has a museum.

Birmingham

The river Severn provided a good method of transportation for the goods made at the time, but more passages were needed and gradually the canal network was constructed. Within a few decades the City of Birmingham grew from a small village in the Parish of Aston into the second city of Great Britain. Birmingham has more canals than Venice! Most of them meet at a junction called the Gas Street Basin. In recent times this area has been revived with canal-side cafés

Severn in Coalbrookdale gespannt. Die Ortschaft, die um die Brücke herum wuchs, heißt Ironbridge.

Heute wird das Zentrum dieser Region denkmalpflegerisch als ein ganzes Ensemble vorzüglicher Museen erhalten, die die Lebensweise der Epoche etwa von 1780 bis 1950 zeigen. Für ihre innovativen und pädagogischen Konzepte wurden sie mehrfach ausgezeichnet. Seit der Eröffnung folgten viele Museen in ganz Großbritannien diesem Vorbild. Es lohnt sich, sie zu besuchen.

Die Eiserne Brücke wird nicht mehr für den Verkehr genutzt, aber man kann zu Fuß darübergehen und die Schönheit ihrer Formgebung bewundern und daran denken, was für eine Wirkung diese erstaunliche Konstruktion auf die gesamte industrielle Welt hatte.

Gleich flussabwärts der Eisernen Brücke liegt Coalport, ein Ort, der sich auch zu jener Zeit entwickelte und wo einige der feinsten Porzellane Englands erstmals gefertigt wurden. Auch Coalport hat ein Museum.

Birmingham

Der Fluss Severn war ein geeigneter Transportweg für die damals hergestellten Waren. Aber man benötigte noch weitere Wasserstraßen für den Güterverkehr, und nach und nach wurde das Kanalnetz gebaut. Die Stadt Birmingham wurde innerhalb weniger Jahrzehnte von einem kleinen Dorf in der Gemeinde Aston zur zweitgrößten Stadt Großbritanniens. Birmingham hat mehr Kanäle als Venedig! Die meisten laufen in einem Knotenpunkt, im Gas Street Becken, zusammen. In jüngster Zeit wurde dieses Gebiet entlang dem Kanal mit Cafés

and restaurants and is a lively upbeat area of Birmingham. The world-famous Symphony Hall is nearby and replaced the old Town Hall, also now restored and very lovely, as the city's main concert venue.

Birmingham is my home town and as children we liked to cycle along the canal paths. One day after a long cycle ride with our father my brother began to be impatient with me as I rode rather slowly in front of my father and him.

My father informed him that at the next wide part of the path he could go into the front, but my brother was too impatient to wait. He tried to overtake father and me, but this did not work and he cycled directly into the canal!

My father was horrified, not that my brother might be drowned, he could swim anyway, but that the expensive bicycle would be lost in the mud and dirt at the bottom of the canal. He tried desperately to recover the bicycle while my brother shouted and screamed as he tried to drag himself from the dirty water back to the pathway. Both bicycle and brother were eventually recovered and my brother learned a lesson about how wide the canal paths were.

We have laughed many times since then, especially as we did not tell our mother about the incident until many years later, and when we did she did not believe us!

Unfortunately when heavy industry began to wane after the second world war, Birmingham

und Restaurants zu einem lebendigen In-Viertel von Birmingham aufgepeppt. Ganz in der Nähe befindet sich die weltberühmte Philharmonie, die das ebenfalls wunderschön renovierte alte Rathaus als wichtigsten Konzertsaal der Stadt ablöste.

Birmingham ist meine Heimatstadt. Als Kinder fuhren wir gern mit dem Fahrrad die Wege an den Kanälen entlang. Eines Tages, nach einem langen Fahrradausflug mit unserem Vater, wurde mein Bruder ungeduldig, als ich so langsam vor meinem Vater und ihm dahinfuhr.

Mein Vater sagte, dass er an der nächsten breiteren Stelle des Weges nach vorn fahren dürfe, aber mein Bruder war zu ungeduldig. Er versuchte meinen Vater und mich zu überholen, aber das ging nicht, und er fuhr schnurstracks in den Kanal!

Mein Vater war erschrocken; nicht etwa, weil er Angst hatte, mein Bruder könnte ertrinken – der konnte ja schwimmen –, sondern weil das teure Fahrrad im Schlamm und Schmutz auf dem Grund des Kanals verloren gehen könnte. Er versuchte verzweifelt, das Fahrrad herauszuholen, während mein Bruder schrie und heulte, als er versuchte, sich aus dem schmutzigen Wasser wieder auf den Weg hochzuziehen. Beide, das Fahrrad und mein Bruder, wurden schließlich gerettet, und mein Bruder hatte seine Lektion über die Breite der Kanalwege gelernt.

Wir haben seitdem oft darüber gelacht, besonders, als wir erst viele Jahre später unserer Mutter von dem Vorfall erzählten. Sie wollte uns aber nicht glauben!

Leider hatten Birmingham und die Midlands, als die Schwerindustrie nach dem zweiten Weltkrieg zurück-

and the Midlands suffered neglect and hardship. However, today the city is taking the challenge of developing into the 21st century. The canals are being made into a tourist feature and the new Symphony Hall is home to a fine orchestra of international standard. Other developments have been encouraged, and the National Exhibition Centre on the Stratford side of Birmingham now attracts visitors from all over Britain and the world.

Shakespeare

A few kilometres from Birmingham is the town of Stratford-upon-Avon, famous as the birthplace of William Shakespeare. Stratford is a pretty town with many black-and-white timber-framed buildings. However, like several famous places it is a little spoiled by too many tourists.

On the site of the original Shakespeare Memorial Theatre, built in 1879 and destroyed by fire in 1926, we find today the Royal Shakespeare Theatre of 1932. Recently the theatre has had a superb refit to make it more suitable for 21st century needs. An evening watching a Shakespeare play in the place of his birth is an event not to be missed, a once-in-a-lifetime experience.

Shakespeare's understanding of human nature, characters, conditions and relationships was profound and his messages still speak to people who live in the 21st century. His plays

ging, unter Vernachlässigung und Not zu leiden. Heute jedoch hat die Stadt die Herausforderung angenommen, sich auf den Weg ins 21. Jahrhundert zu begeben. Die Kanäle sind zu Sehenswürdigkeiten geworden, und die neue Symphonie-Konzerthalle beherbergt ein gutes Orchester von internationalem Rang. Fortschrittliche Ideen wurden unterstützt, und das Nationale Ausstellungszentrum auf der Stratfordseite von Birmingham zieht inzwischen Besucher aus Britannien und der ganzen Welt an.

Shakespeare

Wenige Kilometer von Birmingham entfernt befindet sich die Stadt Stratford-upon-Avon, bekannt als Geburtsort William Shakespeares. Stratford ist eine hübsche Stadt mit vielen schwarz-weißen Fachwerkhäusern, wenngleich es wie so mancher berühmte Ort durch allzu viele Touristen etwas verdorben ist.

An der Stelle des ursprünglichen, 1879 errichteten und 1926 durch Brand zerstörten Shakespeare Memorial Theatre steht heute das Royal Shakespeare Theatre von 1932. Mit der kürzlich erfolgten und hervorragend gelungenen Renovierung ist das Theater den Ansprüchen des 21. Jahrhunderts angepasst. Man sollte unbedingt einmal im Leben ein Stück von Shakespeare an seinem Geburtsort gesehen haben!

Shakespeare wusste schier alles über die Menschen: ihre Natur, ihre Charaktere, ihre Lebensumstände, ihre Beziehungen untereinander, und was er darüber kundgibt, spricht auch noch die Menschen im 21. Jahrhundert

lift audiences to the highest peaks and plunge them to the lowest depths of human feeling and his humour still engages the spirit. Although the language he used is a little difficult to our ear it is well worth the effort to become attuned. The richness and passion of his language is brought to life again each time the curtain rises.

Here is the epilogue at the close of 'Twelfth Night':

When that I was and a little tiny boy,
With hey, ho, the wind and the rain.
A foolish thing was but a toy,
For the rain it raineth every day.

But when I came to man's estate,
With hey, ho, the wind and the rain.
'gainst knaves and thieves men shut their gates,
For the rain it raineth every day.

But when I came, alas ! to wive,
With hey, ho, the wind and the rain,
By swaggering could I never thrive,
For the rain it raineth every day.

But when I came unto my beds,
With hey, ho, the wind and the rain.
With toss-pots still had drunken heads,
For the rain it raineth every day.

A great while ago the world begun,
With hey, ho, the wind and the rain,

an. Seine Stücke nehmen das Publikum immer mit auf die höchsten Gipfel und stoßen es in die tiefsten Abgründe, die ein Mensch empfinden kann, und sein Humor belebt noch immer den menschlichen Geist. Zwar ist die Sprache, in der er schrieb, ein bisschen schwierig für unsere Ohren, aber die Anstrengung, sich daran zu gewöhnen, lohnt sich. Der Reichtum und die Leidenschaftlichkeit seiner Sprache wird zum Leben erweckt, wann immer der Theatervorhang aufgeht.

Hier der Epilog am Ende von ‹Was ihr wollt›:

Und als ich ein kleiner Junge war,
Hopp heißa, bei Regen und Wind!
Da machten zwei nur eben ein Paar;
Denn der Regen, der regnet jeglichen Tag.

Und als ich vertreten die Kinderschuh,
Hopp heißa, bei Regen und Wind!
Da schloss man vor Dieben die Häuser zu.
Denn der Regen, der regnet jeglichen Tag.

Und als ich, ach, ein Weib tät frein,
Hopp heißa, bei Regen und Wind!
Da wollte mir Müßiggehn nicht gedeihn;
Denn der Regen, der regnet jeglichen Tag.

Und als der Wein mir steckt' im Kopf,
Hopp heißa, bei Regen und Wind!
Da war ich ein armer betrunkner Tropf;
Denn der Regen, der regnet jeglichen Tag.

Die Welt steht schon ein hübsche Weil',
Hopp heißa, bei Regen und Wind!

But that's all one, our play is done,
And we'll strive to please you every day.

One day, my father took us cycling all the way to Stratford-upon-Avon. He decided we should visit Anne Hathaway's Cottage. Anne was William Shakespeare's wife. Her delightful thatched cottage is one of the tourist attractions in Stratford.

Father was horrified at the price we had to pay to tour around it. After the rather boring tour we strolled into the garden and up into the orchard. On the ground underneath the apple trees were hundreds of beautiful apples. Father instructed us to pick up the apples and put them into our bicycle bags, coat pockets and lunchboxes in order to make up for some of the money given to enter the cottage and to avoid waste. He was confident that William Shakespeare would have thoroughly approved of this.

Doch das Stück ist nun aus, und ich wünsch euch viel Heil! Und dass es euch künftig so gefallen mag.

Einmal nahm unser Vater uns auf einen Fahrradausflug nach Stratford-upon-Avon mit. Er beschloss, das Haus der Anne Hathaway zu besuchen. Anne war William Shakespeares Frau, und ihr entzückendes mit Stroh gedecktes Häuschen ist eine der Sehenswürdigkeiten von Stratford.

Vater war entsetzt über den Preis, den wir für die Besichtigung zahlen mussten. Nach dem ziemlich langweiligen Rundgang spazierten wir in den Garten und weiter in den Obstgarten. Da lagen auf dem Boden unter den Apfelbäumen Hunderte von schönen Äpfeln. Mein Vater wies uns an, die Äpfel aufzusammeln und in unsere Fahrradtaschen, Manteltaschen und Pausebrotbeutel zu stecken, damit wir etwas von dem Eintrittsgeld wieder reinholten, und auch, um nichts umkommen zu lassen. Er war überzeugt, dass William Shakespeare das ausdrücklich gebilligt hätte.

Poets

Travelling north on the west side of the country you will reach the beautiful Lake District. This part of England is one of outstanding natural beauty with shining lakes, soft hills and pretty villages which have inspired many writers and poets; some of whom have resided in the area. The children's book author Beatrix Potter found inspiration here for her animal stories. It is also known that the poet William Wordsworth was stimulated to write the poem 'The Daffodils' as he walked here up hill and down dale.

I wander'd lonely as a cloud
That floats on high o'er vales and hills,
When all at once I saw a crowd,
A host of golden daffodils,
Beside the lake, beneath the trees
Fluttering and dancing in the breeze.

Continuous as the stars that shine
And twinkle on the milky way,
They stretch'd in never-ending line
Along the margin of a bay:
Ten thousand saw I at a glance
Tossing their heads in sprightly dance.

The waves beside them danced, but they
Out-did the sparkling waves in glee: –
A Poet could not but be gay
In such a jocund company:
I gazed – and gazed – but little thought
What wealth the show to me had brought.

Dichter

Auf der westlichen Seite des Landes in Richtung Norden gelangt man in das wunderschöne Seengebiet. Dieses Stück England ist mit seinen glänzenden Seen, sanften Hügeln und hübschen Orten von besonderer Naturschönheit, von der viele Schriftsteller und Dichter – einige von ihnen haben dort gelebt – sich inspirieren ließen. Die Kinderbuchautorin Beatrix Potter fand hier Anregungen für ihre Tiergeschichten. Es ist auch bekannt, dass der Dichter William Wordsworth, als er bergauf und bergab spazierte, zu dem Gedicht ‹Die Narzissen› angeregt wurde:

Wie eine Wolke hoch im Blau
Schritt einsam ich im Ungewissen,
Da sah ich – unverhoffte Schau –
Ein Heer von schimmernden Narzissen
Am See und unter Bäumen stehen,
Tanzend und schwank im Windeswehn.

Unscheidbar, wie der Sterne Schar
Erglänzt am weißen Firmament,
Stehn sie in Reihen unzählbar,
Wo Wasser sich und Ufer trennt:
Zehntausend sah ich auf einmal,
Schüttelnd die Häupter ohne Zahl.

Die Wogen tanzten; ihre Kraft
Verblich vor der Narzissen Glanz:
In solcher holden Nachbarschaft
Erwacht des Dichters Freude ganz:
Ich schaute – schaute – kaum bedacht,
Wie reich mich dieser Blick gemacht:

For oft, when on my couch I lie
In vacant or in pensive mood,
They flash upon that inward eye
Which is the bliss of solitude;
And then my heart with pleasure fills
And dances with the daffodils.

Fine Food

The Lake District is also famous for some specialist foods, in particular Cumberland sausage, Cumberland ham, Cumberland sauce and snow pancakes. The pancakes are delicious. Here is the recipe for you to make some. For really good results the snow should be dry, powdery and light. Unfortunately England does not often receive this type of snow. However, there should be no shortage of it in Upper Bavaria!

4 heaped tablespoons of self-raising flour
12 tablespoons of milk
1 level teaspoon of salt
oil or butter for frying
4 tablespoons of powdery snow.

Sift flour and salt and gradually beat in the milk until a smooth batter results. Add snow and beat again. Heat butter or oil in a large flat pan and pour in the batter. Cook high for two minutes and toss the pancake to cook the other side. Serve with jam and cream whilst

Denn oft, wenn ich voll Ruhe bin,
Mein Geist die Welt bedenkt, vergisst,
Erstehn sie vor dem innern Sinn,
Den nur die Einsamkeit erschließt;
Mein Herz, zur Freude hingerissen,
Tanzt selig dann mit den Narzissen.

Gutes Essen

Das Seengebiet ist auch berühmt für einige feinschmeckerische Besonderheiten wie Cumberland-Wurst, Cumberland-Schinken, Cumberland-Sauce und Schnee-Pfannkuchen. Die Pfannkuchen sind köstlich. Hier ist das Rezept, damit ihr welche backen könnt. Sollen sie wirklich gut gelingen, muss der Schnee trocken, pudrig und leicht sein. Leider gibt es in England nur selten solchen Schnee, aber in Oberbayern habt ihr bestimmt keinen Mangel daran.

4 gehäufte Esslöffel Instantmehl
12 Esslöffel Milch
1 gestrichener Teelöffel Salz
Öl oder Butter zum Braten
4 Esslöffel Pulverschnee

Mehl und Salz durchsieben und nach und nach in die Milch einrühren, bis ein cremiger Teig entsteht. Den Schnee hinzugeben und nochmals schlagen. Butter oder Öl in einer großen flachen Pfanne erhitzen und den Teig hineingießen. Zwei Minuten auf hoher Flamme backen, dann den Pfannkuchen umdrehen und auf der anderen

hot with a little sprinkling of snow on the top.

Kendal, a medieval town in the Lake District, boasts the manufacture of Kendal mint cake. This is not really a cake at all, but a type of sweet like candy which is very high in calories.

It has been taken on many mountaineering expeditions, not least on the first ascent of Mount Everest by Sir Edmund Hillary and Sherpa Tenzing. When they reached the summit on 29th May 1953 Hillary wrote: "We sat in the snow and looked at the country far below us ... we nibbled Kendal mint cake." There are three types, all peppermint flavoured and highly sugary: brown, white and chocolate-covered. All are delicious for those who enjoy very sweet food or are climbing high mountains and need energy.

White Rose, Red Rose

Down the centre of England runs a large chain of hills called the Pennines. This range of hills is sometimes referred to as "the backbone of England". If you look at a relief map of Great Britain you will see why this name has been given. On the west of these hills lies the county of Lancashire with its cotton industry and beautiful Lake District; and to the east lies England's largest county or "shire": Yorkshire.

The Danish invaders divided the county of

Seite backen. Mit Marmelade und Sahne servieren, solange er noch heiß ist, und etwas Schnee darüberstreuen.

Kendal, ein mittelalterliches Städtchen im Seengebiet, ist stolz auf die Herstellung von Kendal Mint Cake. Das ist nicht etwa Kuchen, sondern ein Pfefferminzkonfekt, mit sehr viel Kalorien.

Kendal Mint Cake wurde bei vielen Bergexpeditionen mitgenommen, nicht zuletzt bei der Erstbesteigung des Mount Everest durch Sir Edmund Hillary und Sherpa Tenzing. Als sie am 29. Mai 1953 den Gipfel erreicht hatten, schrieb Hillary: «Wir saßen im Schnee und sahen hinab auf das weit unter uns liegende Land ... wir knabberten Kendal Mint Cake.» Es gibt drei Arten, alle mit Pfefferminzgeschmack und sehr süß: braun, weiß und mit Schokolade überzogen. Sie schmecken alle köstlich, wenn man sehr Süßes mag oder hohe Berge besteigt und Kraft braucht.

Weiße Rose, rote Rose

Mitten durch England verläuft eine große Bergkette: das Penninische Gebirge. Man spricht manchmal auch vom «Rückgrat Englands». Wenn ihr auf eine Reliefkarte von Großbritannien schaut, werdet ihr verstehen, warum ihm dieser Name gegeben wurde. Im Westen der Berge liegt die Grafschaft Lancashire mit ihrer Baumwollindustrie und dem schönen Seengebiet; im Osten liegt Englands größte Grafschaft (county oder «shire»): Yorkshire.

Die dänischen Eroberer teilten die Grafschaft York-

Yorkshire into three sections which came to be known as the "ridings" with the City of York being a self-contained "Ainsty". The Yorkshire people were proud of the ridings, but in 1974 they were abolished. Opposition to this change is still quite noticeable across the country and you will sometimes hear people speaking with affection about the three ridings of Yorkshire, North, East and West.

Although parts are very industrial, Yorkshire contains beautiful scenery, especially the Vale of York, the Dales and the Moors. Here lived several well-known writers, in particular the Brontë sisters who lived in the parsonage at Haworth and wrote wonderful novels and poems. The novel 'Wuthering Heights' is set on the moors and in a farm cottage which can still be seen there today, although it is a crumbling ruin.

Yorkshire people do not like to be confused

shire in drei Bezirke, die unter der Bezeichnung «Ridings» bekannt wurden, wobei die Stadt York eine selbstständige Einheit blieb. Die Bewohner von Yorkshire waren stolz auf die Ridings, aber die wurden im Jahre 1974 abgeschafft. Doch nach wie vor gibt es deutlichen Widerstand im ganzen Land gegen diese Änderung und man hört die Menschen manchmal geradezu liebevoll von den drei Ridings von Yorkshire, North, East und West sprechen.

Obwohl Yorkshire teilweise sehr viel Industrie hat, gibt es auch herrliche Landschaften, insbesondere das Tal von York und die Moorlands. Hier lebten mehrere namhafte Schriftsteller, vor allem die Schwestern Brontë, die im Pfarrhaus in Haworth wohnten und wunderschöne Romane und Gedichte geschrieben haben. Der Roman ‹Sturmhöhe› spielt im Moor und in einem Farmhaus, das man heute noch dort sehen kann, allerdings nur noch als zerbröckelnde Ruine.

Die Bewohner von Yorkshire möchten nicht mit denen

with Lancashire people. This feeling is mutual and can be traced back to a civil war in England called the War of the Roses. Lancashire had as a symbol the red rose and Yorkshire the white rose. The fighting is long since past, but the rivalry goes on to this very day.

Yorkshire people have a strong and distinctive dialect. The following prayer to be said before meals is written in this dialect, but naturally nothing is better than hearing it spoken:

God bless us all an' mak' us able
To eat all t' stuff what's on this table.

Yorkshire Pudding

Yorkshire's most famous food is Yorkshire pudding. This was invented to fill a large gap in a man's stomach before eating meat, thus cutting down on the amount of expensive beef consumed. Today Yorkshire pudding is always included in a meal of roast beef and normally served on the same plate as the meat and vegetables. However, at a true Yorkshire feast you would be given large quantities of pudding first served with gravy, a meaty sauce. The pudding is delicious.

Yorkshire is famous for many different types of sweets. Terry's and Rowntree's chocolate factories dominated the City of York for many years. Both names still exist but only Rowntree still make some chocolates in York. Most have

von Lancashire verwechselt werden. Dies Gefühl beruht auf Gegenseitigkeit; es geht zurück auf einen englischen Bürgerkrieg, den sogenannten Rosenkrieg. Lancashire hatte als Wappenzeichen die rote Rose und Yorkshire die weiße. Gekämpft wird längst nicht mehr, aber die Anfeindungen halten bis zum heutigen Tag an.

Die Leute von Yorkshire haben eine starke und ausgeprägte Mundart. Das folgende Tischgebet ist in dieser Mundart geschrieben. Natürlich sollte man es am besten gesprochen hören:

Herrgott, jetz lass uns dees gelinga,
Dass mir des ganze Futter zwinga.

Yorkshire Pudding

Die berühmteste Speise von Yorkshire ist der Yorkshire Pudding. Der sollte den großen Hohlraum im Magen eines Mannes füllen, bevor er Fleisch aß, wodurch weniger vom teuren Rindfleisch gegessen wurde. Heute gehört Yorkshire Pudding immer zu einer Mahlzeit mit Roast Beef und wird normalerweise auf demselben Teller wie das Fleisch und das Gemüse serviert. Bei einem echten Yorkshire Festessen würdet ihr allerdings als Erstes eine große Portion Pudding mit Fleischsauce bekommen. Der Pudding ist köstlich.

Yorkshire ist berühmt für seine Vielzahl an verschiedenen Süßigkeiten. Die Schokoladenfabriken Terry und Rowntree prägten viele Jahre die Stadt York. Beide Namen existieren noch, doch nur Rowntree produziert noch Schokolade in York, das meiste wurde in andere

been transferred to other countries. However, the Pontefract Cake, a small liquorice sweet, stamped with an image of Pontefract Castle, is still made in Pontefract, although the liquorice which was once grown locally is now imported. These are also delicious.

Workers, Paupers, Slaves, Bobbies

Travel east and south and you will reach the City of Sheffield which once had a huge and prosperous steel industry. Outdated working practices have put it into decline for many years. This has led to poverty and distress for many Yorkshire people. Today, new developments and industries have revived Sheffield and it is once again a prosperous and proud northern town. There are still some cutlery firms which make products of the finest quality that sell all over the world. If, however, you wish to purchase these you will have to pay a high price!

While Lancashire has always manufactured cotton using hard water suitable for this material, Yorkshire has produced woollen goods way back into history. Production methods have changed but what has not changed is the quality and variety of woollen goods produced in Yorkshire. Yorkshire has many sheep grazing on the rough moorlands and an abundance of soft water to clean and process the wool.

The woolen industry began as a cottage indus-

Länder verlagert. Der Pontefract-Kuchen, eine kleine Lakritzsüßigkeit, auf die ein Bild vom Pontefract-Schloss aufgedruckt ist, wird jedoch immer noch in Pontefract hergestellt, obwohl das einst vor Ort wachsende Süßholz inzwischen importiert wird. Es handelt sich um köstliche Süßigkeiten.

Arbeiter, Arme, Sklaven, Polizisten

Wenn man nach Osten und nach Süden fährt, kommt man nach Sheffield. Diese Stadt hatte früher eine mächtige, einträgliche Stahlindustrie, doch veraltete Arbeitsmethoden haben sie für viele Jahre in den Niedergang getrieben. Das hat für viele Menschen in Yorkshire zu Armut und Not geführt. Moderne neue Industriebranchen haben Sheffield heute wieder zu einer florierenden und stolzen Stadt im Norden gemacht. Es gibt dort noch etliche Hersteller von Besteck, die dank ihrer hervorragenden Qualität in die ganze Welt verkaufen. Man muss allerdings einen hohen Preis dafür bezahlen.

Während Lancashire immer Baumwolle verarbeitet hat – wegen seines dafür geeigneten harten Wassers –, fertigt Yorkshire von jeher Wollwaren. Die Herstellungsmethoden haben sich zwar geändert, doch nicht geändert hat sich die Qualität und Vielfalt der in Yorkshire hergestellten Wollwaren. Auf dem rauen Moorland von Yorkshire weiden viele Schafe, und weiches Wasser für die Reinigung und Herstellung der Wolle gibt es in Hülle und Fülle.

Die Wollindustrie begann als Heimarbeitgewerbe.

try. If you visit Yorkshire you will be able to recognise the former weavers' cottages by the many windows at the top of the house. The family would live downstairs and the looms would be upstairs well illuminated by these windows.

Gradually production transferred to vast mills where conditions for the workers were very poor. However, Yorkshire came to the rescue of its own people through men like William Wilberforce who did lasting work to improve the lot of Yorkshire workers. It was the same Wilberforce who promoted a bill to abolish the slavery which finally became law in 1833, one month after his death.

Here I add a little personal note about Yorkshire. During the early part of the last century, a relative of our family who was a policeman in the Yorkshire town of Rotherham was hit over the head by a robber whom he was trying to apprehend. This left the poor man deaf as his eardrums were burst. Apparently, this and other similar incidents led to the design of the traditional British policeman's helmet, the high and hard hat which provides bet-

Wenn ihr nach Yorkshire kommt, werdet ihr die einstigen Weberhütten an den vielen Fenstern im Obergeschoss erkennen können. Die Familie wohnte unten und die Webstühle befanden sich oben, gut beleuchtet durch diese Fenster. Nach und nach ging man dazu über, die Produktion in große Fabriken zu verlagern, wo die Bedingungen für die Arbeiter sehr schlecht waren. Yorkshire kam seinen eigenen Leuten jedoch zu Hilfe durch Männer wie William Wilberforce, der nachhaltig dazu beitrug, das Los der Arbeiter von Yorkshire zu verbessern. Es war derselbe Wilberforce, der für ein Gesetz zur Abschaffung der Sklaverei gekämpft hat, das im Jahre 1833 endlich in Kraft trat, einen Monat nach seinem Tod.

Hier füge ich einen kleinen eigenen Beitrag zum Thema Yorkshire ein. Ziemlich zu Anfang des letzten Jahrhunderts wurde ein Verwandter von uns – er war Polizist in der kleinen Stadt Rotherham in Yorkshire – von einem Räuber, den er festnehmen wollte, auf den Kopf geschlagen. Der Arme wurde davon taub: seine Trommelfelle waren geplatzt. Offenbar haben dieser und ähnliche Vorfälle zur Gestaltung der klassischen Kopfbedeckung der britischen Polizei geführt, zu dem hohen, harten, helm-

ter protection. This hard hat is not used so much today as a flat peaked hat is better for travelling in vehicles. However, agreement was reached that the distinctive headgear would still be worn in London and on special occasions because of the affection in which it is still held by the nation and by visitors from other countries.

The Welsh Anthem

On the far west side of the main island of Britain is a large peninsula jutting out into the Irish sea. This is the ancient kingdom of Wales, now a principality in the United Kingdom.

From London the M 4 motorway brings you to Wales. Just off the motorway is the first bridge ever to take traffic into Wales; before, there was only the ferry. It is a suspension bridge across Britain's longest river, the Severn, and it is a beautiful structure. It is no longer the principle crossing as the weight of traffic is too great. A new bridge further downstream has taken over in this capacity. (Some people argue that the Thames is the longest river in England but coming from the Midlands, through which much of the River Severn flows, I would not agree – the argument goes on!)

Once you have crossed the river you are in Wales and you will notice this immediately through the bilingual road signs. The Welsh people have their own language, history, culture and traditions. The national anthem of Wales, 'Land of my Fathers', is sung on

artigen Hut, der einen besseren Schutz bietet. Dieser harte Hut wird heutzutage nicht mehr sehr viel getragen, da im Auto eine flache Schirmmütze praktischer ist. Es gibt jedoch ein Abkommen, dass in London und bei besonderen Gelegenheiten diese charakteristische Kopfbedeckung immer noch getragen wird, da das britische Volk und Besucher aus anderen Ländern sie sehr lieben.

Die Hymne der Waliser

Der äußerste Westen der britischen Hauptinsel besteht aus einer großen Halbinsel, die in die Irische See hinausragt. Es ist das uralte Königreich Wales, heute ein Fürstentum innerhalb des Vereinigten Königreichs.

Von London aus nimmt man die Autobahn M 4 nach Wales. Kurz nach der Autobahn kommt die erste Brücke, über die je Verkehr nach Wales fuhr. Davor gab es nur die Fähre. Diese Hängebrücke über Englands längsten Fluss Severn ist ein wunderschönes Bauwerk. Mittlerweile wird sie nicht mehr als Hauptbrücke benutzt, da sie dem stark angestiegenen Verkehr nicht mehr standhalten würde. Eine neue Brücke weiter flussabwärts hat ihre Funktion übernommen. (Manche Leute behaupten, die Themse sei der längste Fluss Englands, doch da ich aus den Midlands stamme, durch die der Fluss Severn zum größten Teil fließt, stimme ich dem nicht zu – der Streit darum dauert an).

Am anderen Ende der Brücke seid ihr schon in Wales, was ihr an den zweisprachigen Straßenschildern sofort merken werdet. Die Waliser haben ihre eigene Sprache, Geschichte, Kultur und Tradition. Die Nationalhymne von Wales, ‹Land meiner Väter›, wird bei allen größeren An-

all big occasions with pride and skill; the Welsh have a reputation as fine musicians and singers.

Here are the words of the anthem in Welsh and in English:

Mae hen wlad fy nhadau
Yn annwyl i mi
Gwlad beirdd a chantorion
Enwogion o fri
Ei gwrol rhyfelwyr
Gwladgarwyr tra mad
Dros rhyddid collasant ei gwaed.

Gwlad gwlad
Pleidiol wyf i'm gwlad
Tra mor yn fur
I'r bur hoff bau
O bydded i'r hen iaith barhau.

Land of my fathers,
How fair is thy fame;
Entwined are proud memories
About thy dear name,
The lays of thy minstrels,
Thy warriors' renown,
Give honour and grace to thy crown.

Wales, Wales,
Sweet are thy hills and thy dales
Thy speech, thy song,
To thee belong.
O may they live ever in Wales.

lässen voller Stolz und sehr gekonnt gesungen; die Waliser stehen in dem Ruf, gute Musiker und Sänger zu sein.

Hier ist der Text der walisischen Hymne in deutscher Übersetzung.

O Land meiner Väter,
Wie strahlst du im Glanz!
Deinen Namen umwindet
Manch rühmlicher Kranz.
Die Lieder der Barden,
Der Helden Gesang
Erhöhn dich zu fürstlichem Rang.

Wales, Wales,
Liebliche Hügel und Höhn,
Sprache und Sang sind dein schon lang.
O mögen sie immer bestehn!

Each Side of the Border

The counties each side of the Welsh border are called border counties. Many people and places have Welsh names, but the inhabitants certainly know on which side of the border they reside. These counties contain some of the most rural and beautiful areas of England/Wales and manage to retain features unique to the British landscape like hedgerows – even in the 21st century when so much natural countryside has been somewhat spoiled by sprawling developments.

An interesting feature of the border is a great earthwork called Offa's Dyke, built by King Offa of Mercia in the eighth century to keep out the Welsh. This structure is 180 miles long, from Chepstow in the south to Prestatyn in the north and is today designated a long-distance footpath. My husband and I have walked three quarters of this trail with rucksacks on our backs. We had a fine view and could admire the countryside both sides of the border in great detail. It was worth the effect.

There is a cheerful and clever little working sheep dog which takes its name from these areas: the Welsh Border Collie. One of the local farmers in Herefordshire told us that his collie could go and collect sheep from particular fields and bring them to the farmyard with only a word from the farmer as he sat by the fireside. Such dogs are known to be very reliable in the countryside and particularly useful on difficult winter days.

Beiderseits der Grenze

Die Grafschaften zu beiden Seiten der walisischen Grenze heißen Grenzgrafschaften. Viele Menschen und Ortschaften haben walisische Namen, aber die Bewohner wissen genau, auf welcher Seite der Grenze sie zu Hause sind. Diese Grafschaften besitzen einige der schönsten ländlichen Gegenden von England/Wales, und es ist ihnen gelungen, sich einzigartige Merkmale der englischen Landschaft zu bewahren, zum Beispiel die baumhohen Hecken – selbst noch im 21. Jahrhundert, nachdem bereits so viel ländliche Natur durch exzessive Bautätigkeit zerstört worden ist.

Eines der besonderen Merkmale der Grenze ist eine große Erdwall-Anlage, «Offa's Dyke», von König Offa von Mercia im 8. Jahrhundert erbaut, um die Waliser abzuhalten. Mit einer Länge von 180 Meilen reicht der Wall von Chepstow im Süden bis Prestatyn im Norden; er ist heute ein markierter Fernwanderweg. Drei Viertel dieses Pfades sind mein Mann und ich mit Rucksäcken auf dem Rücken gelaufen. Wir hatten einen wunderbaren Blick und konnten die Landschaften zu beiden Seiten des Grenzwalls eingehend betrachten. Die Mühe hat sich gelohnt.

Es gibt einen netten, tüchtigen kleinen Schäferhund, der nach dieser Gegend benannt ist: der walisische Border(Grenz)-Collie. Einer der Landwirte dort in Herefordshire erzählte uns, dass sein Collie auf nur ein einziges Wort von ihm die Schafe von bestimmten Feldern ins Gehöft hereintreiben könne, während er selbst schon am Kaminfeuer säße. Solche Hunde sind auf dem Land als sehr verlässlich geschätzt und insbesondere an strengen Wintertagen sehr nützlich.

We once tried to raise a collie puppy as a house pet, but although he was delightfully playful we could not get the pup to settle. "Return him to me; he will be a very good working dog," said our farmer friend, and sure enough the dog turned out to be one of the best the farmer ever had. Bruce, for that was his name, never forgot us and whenever we visited the farm he was leaping at the car in delight even before we could get out.

Caratacus the Brave Celt

When the Romans came to Britain they found fierce warriors especially near Wales and were unable to conquer them for many years. Caratacus was one of these and here he is to tell his story:

"When I was a baby my father, Chief Catuvellauni, washed me in the pure mountain

Wir wollten einmal einen Collie-Welpen als Haushund aufziehen. Er war zwar sehr niedlich und verspielt, aber wir konnten den kleinen Kerl nicht dazu bringen, heimisch zu werden. «Bringt ihn wieder zu mir, er wird ein sehr guter Arbeitshund», sagte unser befreundeter Landwirt, und tatsächlich entpuppte sich der Hund als einer der besten, die er je hatte. Bruce, so hieß er, vergaß uns nie, und immer wenn wir auf den Hof kamen, sprang er schon vor lauter Freude am Auto hoch, bevor wir überhaupt aussteigen konnten.

Caratacus, der tapfere Kelte

Als die Römer nach Britannien kamen, trafen sie vor allem in der Gegend von Wales auf sehr kampfesmutige Krieger, die sie jahrelang nicht besiegen konnten. Einer von ihnen war Caratacus. Er wird nun seine Geschichte erzählen:

«Als ich noch ein Säugling war, wusch mich mein Vater, der Häuptling Catuvellauni, in dem klaren Ge-

stream. As he drew me out of the cold water he shouted: 'My boy Caradoc, a brave Celt who will fight for his land and people.' His words foretold our fight against our great enemy, the Romans.

For years they fought in Britain, but they did not reach our beautiful rugged countryside. When they finally succeeded, our warriors were powerful and unafraid. But we were facing strong, well organised and disciplined troops who were never short of men. As fast as we could kill them another detachment would arrive.

From a high hill point we sometimes watched them at night sitting or standing, wrapped in blankets, around their campfires. They seemed to be suffering from the cold. They obviously did not enjoy our weather.

But we also didn't feel well. Those months of raiding and fighting were weakening us more than the Romans. We were weary and could not always get new warriors in sufficient numbers to defend our positions against this persistent enemy. So we finally retreated in the direction of the great forest of Radnor searching for a suitable hilltop on which to build and hold our final defence, but the Romans followed at our heels.

One by one my friends died around me until there were so few of us left that the Romans surrounded and captured us. We were put in chains and transported to Rome. We talked frequently about our fate and often contemplated suicide, but there was one thing which kept me

birgsfluss. Als er mich aus dem kalten Wasser zog, rief er: ‹Mein Sohn Caradoc, ein tapferer Kelte, der für sein Land und sein Volk kämpfen wird.› Mit diesen Worten war der Kampf gegen unseren großen Feind, die Römer, vorhergesagt.

Jahrelang kämpften sie in Britannien, aber sie konnten nicht bis zu unserer wunderschönen zerklüfteten Landschaft vordringen. Als es ihnen schließlich gelang, wehrten sich unsere Krieger heftig und unerschrocken. Aber wir standen starken, gut ausgebildeten Truppen gegenüber, die immer Nachschub hatten. Kaum töteten wir welche, kam auch schon der nächste Trupp heran.

Manchmal konnten wir nachts von einem höheren Berg aus beobachten, wie sie in Decken gehüllt um ihre Lagerfeuer saßen oder standen. Sie schienen unter der Kälte zu leiden. Offensichtlich behagte ihnen unser Wetter nicht.

Aber auch uns ging es nicht gut. Die monatelangen Angriffe und Kämpfe machten uns mehr zu schaffen als den Römern. Wir waren erschöpft und konnten nicht immer neue Krieger in ausreichender Zahl bekommen, um unsere Stellungen gegen diesen hartnäckigen Feind zu verteidigen. So zogen wir uns endlich zurück in Richtung des großen Waldes von Radnor; wir wollten einen geeigneten Hügel suchen, um dort unsere letzte Verteidigung vorzubereiten. Aber die Römer waren uns schon auf den Fersen.

Rings um mich herum starben meine Freunde, einer nach dem anderen, bis nur noch so wenige von uns übrig waren, dass die Römer uns umzingelten und gefangennahmen. Wir wurden in Ketten gelegt und nach Rom gebracht. Oft sprachen wir über unser Schicksal und dachten an Selbstmord, aber es gab etwas, das mich

going – curiosity! Why should these Romans want to attack my country? What was their own country like?

I was asked to give account of myself to the Caesar. This is what I said: 'You are a wise and wealthy man. You have a beautiful rich country and a high civilisation. You have vast lands which give you good crops of food and wine. You have palaces and houses such as I have never seen. You have strong warriors who fight for you with valour and dedication. You have roads, horses, chariots in huge numbers. Why then should you wish to come to my poor country and people to take from them their cold, wet and uncivilised land?'

The Caesar was impressed by my words. He told me I was a brave and noble warrior such as Rome respected and honoured. I was released and requested to return to my land, but this was refused. I had to remain, albeit as a free man, in the great city of Rome.

I tried to gain news of warriors back in Britain. I heard that the Celts fled to the western hills and persisted in giving the Romans a hard time. That was like music to my ears."

am Leben hielt: die Neugier! Was brachte die Römer dazu, mein Land zu überfallen? Wie sah ihr eigenes Land aus?

Ich wurde aufgefordert, dem Kaiser Bericht über mich zu erstatten. Ich sagte Folgendes: ‹Ihr seid ein kluger und reicher Mann. Ihr habt ein wunderschönes reiches Land und eine hohe Kultur. Ihr habt unermesslichen Grundbesitz, der Euch gute Feldfrucht- und Weinernten liefert. Ihr habt Paläste und Häuser, wie ich noch nie welche gesehen habe. Ihr habt starke Krieger, die mit Tapferkeit und Hingabe für Euch kämpfen. Ihr habt Straßen, Pferde, Wagen in großer Zahl. Warum wollt Ihr also in mein armes Land kommen, zu meinen armen Landsleuten, um ihnen ihr kaltes, feuchtes, wildes Land zu nehmen?›

Der Kaiser war beeindruckt von meinen Worten. Er nannte mich einen tapferen und edlen Krieger, den Rom achte und ehre. Damit wurde ich freigelassen. Ich bat, in mein Land zurückkehren zu dürfen, aber dies wurde mir versagt. Ich musste, wenn auch als freier Mann, in der großen Stadt Rom bleiben.

Ich habe versucht, Nachrichten über die Kämpfer im fernen Britannien zu erhalten. Ich habe gehört, dass die Kelten in das westliche Hügelland geflohen sind und den Römern nach wie vor das Leben schwer machten. Das war Musik in meinen Ohren.»

A Long Name for a Small Town

Many people agree the Welsh language has many sounds which are more similar to the German language than to English. Perhaps you may find out one day if this is true. The longest word in Welsh, which doesn't sound very German-like, is a place name on the island of Anglesey off the north coast of Wales. It looks like this:

LLANFAIRPWLLGWYNGYLLGOGERYCHWYRNDROB-
WLLLLANTYSILIOGOGOGOCH

and the literal meaning is: Church Mary a hollow white hazel near to the rapid whirlpool church Tysilio cave red.

This could be interpreted as: The church of Saint Mary near the hollow white hazel tree nearby the rapid whirlpool and the red cave.

Perhaps you could learn to say this amazing name and impress your friends, after all the German language is famous for long words too. You could also visit and obtain a platform ticket at the station to prove this interesting place exists.

Ein langer Name für eine kleine Stadt

Viele Leute sind der Meinung, dass die walisische Sprache viele Laute hat, die eher der deutschen als der englischen Sprache ähneln. Vielleicht bekommt ihr eines Tages heraus, ob das stimmt. Das längste walisische Wort, das allerdings nicht sehr deutsch anmutet, ist ein Ortsname auf der Insel Anglesey vor der Nordküste von Wales. Es sieht so aus:

LLANFAIRPWLLGWYNGYLLGOGERYCHWYRNDROBWLLLLAN-
TYSILIOGOGOGOCH

und bedeutet wörtlich: Kirche Maria ein hohler weißer Haselnuss-Strauch nahe dem reißenden Strudel Kirche Tysilio Höhle rot.

Das könnte so erklärt werden: Die Kirche der Heiligen Maria nahe dem hohlen weißen Haselnuss-Strauch bei dem reißenden Strudel der roten Höhle.

Vielleicht gelingt es euch, diesen erstaunlichen Namen auszusprechen und eure Freunde damit zu beeindrucken, schließlich ist die deutsche Sprache doch auch berühmt für ihre langen Wörter. Ihr könntet den Ort auch besuchen und euch am Bahnhof eine Bahnsteigkarte besorgen, als Beweis, dass es diesen interessanten Ort tatsächlich gibt.

Welsh Cakes

One pound of flour
half a teaspoon of salt
quarter of a pound of currants
grated nutmeg to taste
one and half teaspoons of baking powder
quarter of a pound of butter
two ounces of sugar
sour cream or milk to mix.

Sift the flour, salt and baking powder.
Rub in the butter.
Mix in currants and nutmeg.
Add cream or milk to give a stiff dough.
Roll out with flour and cut into circles.
Bake in a hot oven until golden brown
and serve with jam and cream. – Delicious!

Mary Jones and Her Bible

A true story

At the end of the 18th century, in the village of Llanfihangel-y-Pennant, by the beautiful Cader Idris mountain there lived a small farming family called Jones. Mr and Mrs Jones were very poor and had only one child, Mary. Mary was unable to go to school as schools were expensive and far away. However, on Sundays, the whole family would attend the local Welsh chapel and sing Welsh hymns and hear the Welsh Bible

Waliser Kuchen

1 Pfund Mehl
ein halber Teelöffel Salz
¼ Pfund Korinthen
geriebene Muskatnuss nach Geschmack
eineinhalb Teelöffel Backpulver
¼ Pfund Butter
2 Unzen (ca. 50 g) Zucker
Sauerrahm oder Milch zum Schlagen

Mehl, Salz und Backpulver durchsieben,
Butter hineinrühren,
Korinthen und Muskatnuss daruntermischen,
Sauerrahm oder Milch für einen steifen Teig dazugeben,
diesen mit Mehl ausrollen und in runde Stücke schneiden,
im heißen Ofen backen, bis sie goldbraun sind,
mit Marmelade und Schlagsahne servieren. – Köstlich!

Mary Jones und ihre Bibel

Eine wahre Geschichte

Gegen Ende des 18. Jahrhunderts lebte in dem Dorf Llanfihangel-y-Pennant an dem schönen Berg Cader Idris eine kleine Bauernfamilie namens Jones. Herr und Frau Jones waren sehr arm und hatten nur ein einziges Kind, Mary. Mary konnte nicht zur Schule gehen, denn Schulen waren teuer und weit weg. An den Sonntagen jedoch besuchte die ganze Familie die walisische Dorfkirche und sang walisische Choräle und hörte die Lesungen aus der walisischen Bibel. Manchmal nach dem

read aloud. Sometimes at the end of the services Mary would look with longing at the big Bible and wish she could read it for herself.

One day the pastor opened a free school and Mary was able to go each day when her work at home and on the farm was done. This way she learned to read and write the Welsh language.

Soon Mary began to save money to purchase her own copy of a Bible. She did many humble jobs in her freetime until, after four years, she had saved enough money. So she set off on a twenty-two mile walk over the mountains to the town of Bala. She walked barefoot so as to save her only pair of shoes for the meeting with the man at the bookshop.

Mary rushed up and down the steep slopes of the hills and at last reached the town. She came to the grand door of the home of Mr Thomas Charles. In her hurry to knock on the door she almost forgot to put on her shoes. Mary had to wait in a grand room. Books lined the walls on all sides, and as she gazed at them Mr Charles entered.

Gottesdienst warf Mary einen sehnsüchtigen Blick auf die große Bibel und wünschte, sie könnte selbst darin lesen.

Eines Tages eröffnete der Pfarrer eine kostenlose Schule, und Mary konnte jeden Tag hingehen, wenn sie mit ihrer Arbeit im Haus und auf dem Hof fertig war. Auf diese Weise lernte sie die walisische Sprache lesen und schreiben.

Bald begann Mary Geld zu sparen, um sich eine eigene Bibel kaufen zu können. Sie verrichtete alle möglichen Aushilfsarbeiten in ihrer Freizeit, bis sie, nach vier Jahren, genug Geld gespart hatte. Nun machte sie sich auf den zweiundzwanzig Meilen weiten Weg über die Berge in die kleine Stadt Bala. Sie ging barfuß, um ihr einziges Paar Schuhe für die Begegnung mit dem Buchhändler zu schonen.

Mary lief die steilen Berghänge hinauf und hinab und erreichte endlich die Stadt. Sie kam an die prächtige Tür des Hauses von Herrn Thomas Charles. Vor lauter Eile, gleich anzuklopfen, hätte sie fast vergessen, ihre Schuhe anzuziehen. Sie musste in einem vornehmen Raum warten. Ringsherum standen Bücher. Während Mary sie ehrfürchtig anstarrte, trat Herr Charles ein.

He listened intently, looked puzzled, then worried and finally he said: "My dear girl, I can see how keen you are to have a Welsh Bible, but I am sorry to tell you that I sold the last one this morning."

Hearing this Mary burst into tears. Mr Charles was moved and said: "Well, I will try to see if the local man who just purchased my last copy of the Welsh Bible would be willing to sell it back to me so that I can sell it to you." He was willing and Mary became the proud possessor of her longed-for Bible.

Mary made the long walk home with a spring in her step and joy in her heart.

The faithfulness of Mary Jones did not go unnoticed. Mr Charles, together with his friend Dr Edwards, held a meeting with other local Welsh Methodists and they decided that what had happened to Mary should never happen again. All people who wanted a Bible for themselves should be able to obtain one, in their own language and at a reasonable price. So, in 1804, from Mary's perseverance a society called "The British and Foreign Bible Society" was born. It has recently changed its name to "The Bible Society". In 2011 a celebration was organised for the four-hundreth anniversary of our most famous Bible, the King James Bible.

So Mary Jones – well done! As we say in England: "Great oaks from little acorns grow."

Er hörte aufmerksam zu, war etwas verlegen, dann beunruhigt und sagte schließlich: «Liebes Mädchen, ich sehe, wie wichtig es für dich ist, eine walisische Bibel zu besitzen, aber ich muss dir leider sagen, dass ich die letzte heute Morgen verkauft habe.»

Als Mary das hörte, brach sie in Tränen aus. Herr Charles war gerührt und sagte: «Also gut – ich will mal zusehen, ob der Herr hier aus dem Ort, der eben meine letzte walisische Bibel gekauft hat, bereit ist, sie mir zurückzuverkaufen, damit ich sie dir verkaufen kann.» Der Mann war bereit dazu, und Mary wurde stolze Besitzerin ihrer lang ersehnten Bibel.

Mary ging den langen Weg nach Hause mit federndem Schritt und fröhlichem Herzen.

Der Glaubenseifer von Mary Jones blieb nicht unbeachtet. Herr Charles setzte sich mit seinem Freund Dr. Edwards und anderen walisischen Methodisten der Gegend zusammen, und dabei wurde beschlossen, dass das, was Mary erlebt hatte, nie mehr vorkommen sollte. Jeder, der eine Bibel haben wollte, sollte die Möglichkeit haben, eine in seiner eigenen Sprache und zu einem angemessenen Preis zu bekommen. So hat Marys Beharrlichkeit bewirkt, dass im Jahre 1804 die «Britische und ausländische Bibelgesellschaft» gegründet wurde. Vor Kurzem hat sie ihren Namen in «Bibelgesellschaft» geändert. 2011 fand die Jubiläumsfeier zum vierhundertjährigen Bestehen unserer berühmten Bibel, der King-James-Bible, statt.

Gut gemacht, Mary Jones! Wie wir in England sagen: «Große Eichen wachsen aus kleinen Eicheln.»

The Welsh Dragon

The origin of the Welsh Dragon is shrouded in the mists of time and there is still much debate about it.

One of the earliest references to the dragon dates from about AD 800 when it was linked with Wales in the writing of the learned monk Nennius. The dragon was frequently mentioned in Welsh medieval poetry, where the creature was used to symbolise the country.

The red Dragon was recognised as the badge of Wales in 1901, at which time it was added to the coat of arms of the Prince of Wales. In 1953 the dragon became the official royal badge of Wales. It was only after this that it became the authorised Welsh national flag. I am sure you will have spotted this flag at international events like the Olympic Games. Although it is still a relatively new flag, the Welsh are justifiably pleased and proud to fly it as their own.

Der walisische Drache

Die Herkunft des walisischen Drachen verbirgt sich im Nebel der Zeiten, und es wird nach wie vor viel darüber gerätselt.

Eine der frühesten Erwähnungen des Drachen datiert aus der Zeit um 800 n. Chr. Da wurde er in den Schriften des gelehrten Mönches Nennius in Zusammenhang mit Wales gebracht. In der walisischen Dichtung des Mittelalters kommt oft der Drache vor, zur bildlichen Kennzeichnung des Landes.

Der rote Drache wurde 1901 als Emblem des Wappens von Wales anerkannt. Zugleich wurde er Bestandteil des Wappens des Prinzen von Wales. 1953 wurde der Drache zum offiziellen königlichen Wappenzeichen von Wales. Erst danach wurde er offizielle walisische Nationalflagge. Ihr werdet diese Flagge sicherlich schon bei internationalen Veranstaltungen wie den Olympischen Spielen gesehen haben. Obwohl sie noch ziemlich neu ist, sind die Waliser mit Recht stolz darauf, eine eigene Flagge zu haben, und schwenken sie gern.

Saint David's Day

The Welsh people have a delightful national costume which is worn by women and girls on Saint David's Day, 1st March. This is a long skirt with an apron, a white blouse and a distinctive tall black hat which resembles a witch's hat with the point chopped off. The women and girls look very pretty in their costumes and well match the beauty of the surrounding countryside. On Saint David's Day, the national day on which the saint who brought Christianity to large areas of Wales is commemorated, Welsh children have a half-day holiday from school and they spend their time enjoying their traditions.

The flower of Wales is the daffodil. Small wild

Sankt-Davids-Tag

Die Waliser haben eine sehr ansprechende Nationaltracht, die von Frauen und Mädchen am 1. März, dem Sankt-Davids-Tag, getragen wird. Sie besteht aus einem langen Rock mit einer Schürze, einer weißen Bluse und einem eigenartigen hohen schwarzen Hut, der aussieht wie ein Hexenhut mit abgeschnittener Spitze. Die Frauen und Mädchen sehen sehr hübsch aus in ihren Kostümen und passen gut zur Schönheit der ländlichen Umgebung. Am Sankt-Davids-Tag, dem Nationalfeiertag zum Gedenken an den Heiligen, der das Christentum in weite Teile von Wales gebracht hat, haben die walisischen Kinder einen halben Tag schulfrei, um an den Bräuchen teilnehmen zu können.

Die Blume von Wales ist die Narzisse. Kleine wilde

daffodils can be found growing in abundance. Besides the daffodil the leek is another emblem of Wales. Both, daffodil and leek, are worn by Welsh people on Saint David's Day.

Economy

Wales once had large coal and steel industries, but these faded in significance during the latter part of the last century. However, the European Development Agency has helped the principality to start new business ventures, and high-tech industries began to flourish, especially in South Wales.

Tourism is the largest industry, with many people from all over the British Isles and the world desiring to spend time in the unspoilt areas of this beautiful country.

For a long time the landscape in the coal mining areas had been scarred by hills of waste pieces called slag heaps. In 1966, the year the Severn Bridge opened, one of these heaps began to move and slipped quickly, covering the small school and a row of cottages in the town of Aberfan in an avalanche of saturated slag. 124 people lost their lives, including 116 children from the school. Many experts had predicted that this would happen one day if the heaps were not dispersed. The great loss of life spurred people finally into a better control of the heaps, and landscaping has improved the views in these

Narzissen gibt es in Hülle und Fülle. Neben der Narzisse ist Porree, das Gemüse, ein weiteres Symbol von Wales. Beide, Narzisse und Porree, werden am Sankt-Davids-Tag von den Walisern getragen.

Wirtschaft

Wales hatte früher eine große Kohle- und Stahlindustrie, die aber in der zweiten Hälfte des letzten Jahrhunderts an Bedeutung verloren hat. Vom Europäischen Amt für Wirtschaftshilfe (EDA) wurden dem Fürstentum jedoch neue Gewerbebetriebe vermittelt, und High-Tech-Industrien erlebten einen Aufschwung, besonders in Südwales.

Der größte Erwerbszweig ist der Tourismus. Leute von überall her – von den Britischen Inseln, wie der ganzen Welt – wollen ihre Ferien in den unberührten Gegenden dieses herrlichen Landes verbringen.

Lange Zeit war die Landschaft in den Kohlebergbaugebieten von Bergen von Kohleresten, den Kohlehalden, verunstaltet. 1966, als die Severn-Brücke geöffnet wurde, setzte sich eine dieser Halden in Bewegung, geriet ins Rutschen und begrub die kleine Schule und eine Reihe Wohnhäuser der Stadt Aberfan unter einer Lawine von rußigem Schlamm. 124 Menschen kamen ums Leben, davon 116 Schulkinder. Viele Fachleute hatten vorhergesagt, dass dies eines Tages geschehen werde, wenn die Halden nicht abgetragen würden. Der Verlust so vieler Menschenleben brachte die Leute endlich dazu, die Halden besser zu überwachen, und durch Landschaftsgestaltung wurde das Aussehen der Gegend

areas. Unfortunately it is not so easy to remove the sad memories of those who lived through the tragedy.

Most of the coal-mining valleys are now returned to the beauty they formally enjoyed with sweeping green hills and beautiful streams. Very pleasant for walking but still with poor employment prospects.

A Really Good Trout

I was once teaching in Wales in the beautiful town of Crickhowell in Breconshire. One day a boy came to school with a large parcel. He said: "Miss, my dad is a really good fisherman and he caught this trout fish the other day and said I was to give it to the English schoolteacher who surely has never tasted decent freshwater fish. I'm sorry, Miss, but I put it in the barn and only remembered it today. I do hope it is alright to eat." Unfortunately it was not, the smell was evidence of that. However, his kind father caught me another trout and it was the best fish I had ever tasted.

verbessert. Leider lassen sich die traurigen Erinnerungen derer, die das Unglück überlebt haben, nicht so leicht beseitigen.

Heute sind die meisten Kohlereviere zu ihrer Schönheit von einst zurückgekehrt, mit weitreichenden grünen Hügeln und wunderschönen Flüssen. Zwar herrlich zum Spazieren gehen, aber nach wie vor mit wenig Aussicht auf Arbeitsplätze.

Eine wirklich gute Forelle

Ich habe einmal als Lehrerin in Wales in der schönen Stadt Crickhowell in Breconshire gearbeitet. Eines Tages kam ein Junge mit einem großen Paket in die Schule. Er sagte: « Fräulein, mein Papa ist ein sehr guter Fischer. Er hat neulich diese Forelle gefangen und gesagt, ich solle sie der Englischlehrerin bringen, die sicher noch nie einen guten Süßwasserfisch gegessen hat. Es tut mir leid, Fräulein, aber ich habe ihn in die Scheune gelegt und erst heute wieder daran gedacht. Ich hoffe, man kann ihn noch essen. » Leider konnte man das nicht; der Gestank war der Beweis dafür. Aber der freundliche Vater fing mir nochmal eine Forelle, und es war wirklich der beste Fisch, den ich je gegessen habe.

The New Severn Bridge

Since the first Severn Bridge opened it carried 275 million vehicles. In 1990 a new Severn bridge was designed to deal with the increase of traffic.

This crossing spans the estuary from the Gwent shore to the English side, a distance of five kilometres. The middle section over the deepest part of the river is a cable-stayed bridge of 912 metres. Viaducts are used to connect the bridge to each shoreline.

The finished structure was opened in June 1996.

Because there are no walkways on the bridge, unlike the first Severn Bridge, an opportunity was given to the general public to walk across it before its official opening to vehicular traffic. More than 16 000 people did the walk. Maybe they were thinking of the £ 330 million which it cost to build or just admiring the fantastic views and the bridge itself.

Perhaps you will see the bridge one day but do not attempt to walk across it or you will be fined a large number of UK pounds.

Clans and Kilts

Not everyone who speaks English comes from England. If you forget this you may be informed in a light-hearted manner: "We are not English, we are Scottish!"

Die neue Severn-Brücke

Über die erste Severn-Brücke sind seit ihrer Eröffnung 275 Millionen Fahrzeuge gefahren. 1990 wurde der Bau einer neuen Severn-Brücke geplant, um dem anschwellenden Verkehr gerecht zu werden.

Das Bauwerk überbrückt das Mündungsgebiet zwischen der Gwent-Seite und der Englischen Seite, eine Strecke von fünf Kilometern. Der Mittelteil über dem eigentlichen Fluss ist eine an Drahtseilen aufgehängte 912 Meter lange Brücke. Die Verbindung zwischen der Brücke und den beiden Uferlinien geschieht mittels Viadukten.

Das fertige Bauwerk wurde im Juni 1996 eröffnet.

Da es, anders als bei der alten Severn-Brücke, auf der neuen keine Gehsteige gibt, wurde dem allgemeinen Publikum die Gelegenheit geboten, vor der offiziellen Freigabe an den Autoverkehr zu Fuß darüberzugehen. Mehr als 16 000 Menschen machten diesen Spaziergang. Sie mögen an die 330 Millionen Pfund gedacht haben, die der Bau gekostet hat, oder sie wollten einfach die fantastische Aussicht und die Brücke selbst bewundern.

Vielleicht seht ihr sie eines Tages. Wagt es ja nicht, zu Fuß darüber zu gehen ! Ihr müsstet viele Pfund Bußgeld bezahlen.

Clans und Kilts

Nicht jeder, der englisch spricht, stammt aus England, wer das vergisst, kann leicht einmal freundlich zurechtgewiesen werden : « Wir sind keine Engländer, sondern Schotten ! »

Scotland has its own history, and the Scots are proud of it. In ancient times the country had its own kingdoms and tribes. The four main groups and the areas they lived in were as follows:

Picts – the far north, John O'Groats, Perthshire; Angus Scots – Argyll, Bute; Arran Britons – the west areas; Strathclyde Angles – the south-east.

These tribes were so fierce and cunning that the Roman invaders who attempted to conquer Scotland eventually gave up trying. The Caesar at that time, Hadrian, built a wall on the border between England and Scotland and mounted Roman guards to keep these tribes out of the civilised part of the world which was, from his point of view, the Roman Empire. Hadrian's wall was just ruined heaps of stones for many years but lately archeologists have worked to rebuild sections, including uncovering Roman camps which are near the wall. The largest and most interesting of these is Vindolanda. The recent excavations and excellent new museums, which contain remarkable exhibits dug up from these camps, plus the beautiful long-distance footpath which runs the whole length of the wall, have attracted many more visitors to this remarkable and historic area.

When the Romans went into Strathclyde they were met by three hundred chiefs all wearing pure gold chains around their necks. The gold was collected from the many streams which flow into the River Clyde. In 1153 the great Scottish King David the First donated all his

Schottland hat seine eigene Geschichte, und die Schotten sind stolz darauf. Früher hatte Schottland eigene Königreiche und Volksstämme. Die vier Hauptgruppen und die Gebiete, in denen sie lebten, waren folgende:

Pikten – im äußersten Norden, John O'Groats, Perthshire; Angus Schotten – in Argyll, Bute; Arran Briten – in den westlichen Gebieten; Strathclyde Angeln – in den südöstlichen Gebieten.

Diese Stämme waren so tapfer und schlau, dass die eindringenden Römer, die Schottland erobern wollten, schließlich den Versuch aufgaben. Der damalige Kaiser Hadrian ließ zwischen England und Schottland einen Grenzwall errichten und mit römischen Wachen besetzen, um diese Stämme vom zivilisierten Teil der Welt fernzuhalten, und das war, aus seinem Blickwinkel, das Römische Kaiserreich. Jahrelang war der Hadrianswall nur eine aus Steinhaufen bestehende Ruine, doch vor nicht allzu langer Zeit haben Archäologen Teile des Walls instandgesetzt und in der Nähe gelegene Kastelle freigelegt. Das größte und eindrucksvollste ist Vindolanda. Jüngste Ausgrabungen und hervorragend gestaltete Museen, in denen bemerkenswerte Funde aus diesen römischen Lagern ausgestellt werden, sowie der schöne Fernwanderweg über die gesamte Länge des Walls haben wieder mehr Besucher an diesen bedeutenden historischen Ort gelockt.

Als die Römer nach Strathclyde kamen, trafen sie mit dreihundert Häuptlingen zusammen, die allesamt Ketten aus echtem Gold um den Hals trugen. Das Gold stammte aus den vielen Wasserläufen, die in den Fluss Clyde fließen. Im Jahre 1153 vermachte der große schottische König David I., als er zum Christentum

gold to an abbey when he became a Christian. All the crowns of the ancient kings of Scotland were made from Scottish gold. Even today gold is still mined in Scotland.

St Andrew, Scotland's patron saint, is not a legendary saint like George but was one of the Apostles. He was the brother of Simon Peter. Tradition states that Andrew was preaching in Scythia and suffered crucifixion at Patras in Achaea on a cross in the form of an X, now commonly known as St Andrew's Cross which is depicted on the flag of Scotland. His day is November 30th, which is Scotland's National Day.

The ancient Scottish word for "tribe", or "large family group" is "clan". Today there are 118 clans with only forty of them being original "old" clans; the rest were invented during the reign of Queen Victoria when there was a great love of all things Scottish. No doubt this was led by the great queen's fondness for them, especially her Scottish residence, Balmoral. The present-day royal family still use Balmoral during the Christmas and New Year holiday period, where they have been photographed and filmed dancing traditional Scottish dances and reels.

Each clan is able to wear a "tartan". Many years ago the tartans were worn to distinguish the tribes in battle. A tartan was simply a large piece of woollen cloth made up of horizontal and vertical stripes in a rich variety of colours and patterns which was wrapped around the men

übertrat, sein ganzes Gold einem Kloster. Sämtliche Kronen der früheren Könige von Schottland waren aus schottischem Gold gefertigt. Noch heute gibt es in Schottland Gold-Bergbau.

Sankt Andreas, der Schutzpatron von Schottland, ist kein legendärer Heiliger wie Georg, sondern er war einer der Apostel, der Bruder des Simon Petrus. Die Überlieferung besagt, dass Andreas in Skythien gepredigt hat und in Patras in Achaia den Kreuzestod erlitt, und zwar an einem Kreuz in Form eines X, das gemeinhin «Andreaskreuz» heißt; es ist auf der Flagge von Schottland dargestellt. Der Tag des Heiligen ist der 30. November, das ist der schottische Nationalfeiertag.

Das alte schottische Wort für «Stamm» oder «große Familie» ist «Clan». Derzeit gibt es 118 «Clans», aber davon sind nur vierzig ursprüngliche, «alte Clans». Der Rest wurde während der Regierungszeit der Königin Viktoria erfunden, als es eine große Vorliebe für alles Schottische gab. Diese wurde zweifellos von der Vernarrtheit der großen Königin selbst angeführt, die ganz besonders für ihre schottische Residenz Balmoral schwärmte. Noch heute weilt die königliche Familie während der Weihnachts- und Neujahrsferien in Balmoral. Es gibt Fotografien und Filme, wie sie dort traditionelle schottische Reigen und schnelle Dreher tanzen.

Jeder Clan hat seinen «Tartan». Vor sehr langer Zeit wurden die Tartans getragen, damit die verschiedenen Stämme in der Schlacht zu unterscheiden waren. Ein Tartan war einfach ein großes kariertes Wolltuch, das es in verschiedenen Farben und Mustern gab; dieses Tuch schlangen die Männer sich um, befestigten es um

and tied at the waist with a belt then thrown over the shoulder. This was very useful for at night-time it could be taken off and used as a blanket to sleep under.

During the time of Queen Victoria the "kilt", well known today, was designed. This is a type of skirt made from the heavy woollen tartan and pleated at the back. This is the true kilt and is only worn by men. But ladies (generally not Scottish!) also liked the kilt and so a garment called the "kilted skirt" is produced to meet that demand. You will see many for sale in the shops in Scotland; perhaps you would like to purchase one. However, if you do not have enough money, be sure to take a snapshot of a Scotsman in his full kilt and regalia, perhaps playing the bagpipes – a magnificent sight and fairly common in the towns and cities on high-days and holidays.

A Folk Song

The following folk song demonstrates the patriotic feelings of the Scots for their country and their loyalty to the king of Great Britain as well as the pleasure in their special style of dressing. It also mentions a characteristic Highland flower, the bluebell (the official symbol of Scotland is the thistle). But foremost, of course, it is a beautiful love song.

die Taille mit einem Gürtel und warfen es dann über die Schulter. Diese Überwürfe waren sehr praktisch, da sie nachts abgenommen und als Decken zum Schlafen benutzt werden konnten.

In der Epoche der Königin Viktoria wurde der heute bekannte «Kilt» erfunden, ein Rock aus schwerem, wollenem Tartan, hinten herum wie ein Faltenrock. Das ist der echte Kilt; er wird nur von Männern getragen. Aber auch Damen (im allgemeinen keine schottischen) fanden Kilts schön, und um diese Nachfrage zu befriedigen, wird der sogenannte «Schottenrock» gefertigt. Ihr werdet in den Läden von Schottland viele angeboten sehen; vielleicht habt ihr Lust, einen zu kaufen. Wenn euch dazu das Geld nicht reicht, so macht wenigstens einen Schnappschuss von einem Schotten im Kilt mit allem Drum und Dran, vielleicht den Dudelsack spielend – das ist ein prächtiger Anblick und an Fest- und Feiertagen in den kleinen und großen Städten Schottlands durchaus an der Tagesordnung.

Ein Volkslied

Das folgende Volkslied zeigt die patriotischen Gefühle der Schotten für ihr Heimatland und ihre Untertanentreue zum König von Großbritannien ebenso wie ihr Wohlgefallen an der eigenen Tracht. Es nennt auch eine typische Blume des schottischen Hochlands, die Glockenblume (das offizielle Wahrzeichen Schottlands ist allerdings die Distel). Aber vor allem ist es natürlich ein schönes Liebeslied.

Oh where and oh where
   is your Highland Laddie gone?
Oh where and oh where
   is your Highland Laddie gone?
He's gone to fight the foe
   for King George on the throne
And it's oh! in my heart
   I wish him safe at home.

Oh where and oh where
   did your Highland Laddie dwell?
Oh where and oh where
   did your Highland Laddie dwell?
He dwelt in bonny Scotland
   at the sign of the Blue Bell
And it's oh! in my heart
   I love my laddie well.

Oh how, tell me how
   is your Highland Laddie clad?
Oh how, tell me how
   is your Highland Laddie clad?
His bonnet's of the Saxon green,
   and his waistcoat of the plaid

Wohin, sag, wohin
  ist dein Hochlandschatz denn hin?
Wohin, sag, wohin
  ist dein Hochlandschatz denn hin?
In den Krieg für den Thron
  König Georgs musst er gehn.
O ich hoff, er bleibt heil,
  und ich werd ihn wiedersehn.

Woher, sag, woher
  stammt dein Hochlandschatz denn her?
Woher, sag, woher
  stammt dein Hochlandschatz denn her?
Bei den Glockenblumen droben
  in Schottland wohnte er.
O ich spür tief in mir:
  ach ich lieb ihn doch so sehr.

Was hat, sag, was hat
  dein Hochlandschatz denn am Leib?
Was hat, sag, was hat
  dein Hochlandschatz denn am Leib?
Die grüne Sachsenmütze
  und das Schotten-Oberkleid.

And it's oh! in my heart
   that I love my Highland lad.

Suppose, oh suppose
   that your Highland lad should die?
Suppose, oh suppose
   that your Highland lad should die?
The bagpipes should play over him,
   and I'd lay me down and cry;
But it's oh! in my heart
   that I feel he will not die.

Scottish Monsters

There are many stories of monsters which live in the Scottish lakes or lochs (loch is the Scottish word for lake). In the north of Scotland, the area called the Highlands, stories abound which tell of strange beasts in almost every loch. There are said to be two main types of monsters:

The ferocious Kelpie is a water horse that is possessed by the devil and will destroy mankind

O ich spür tief in mir,
  wie mein Hochlandschatz mich freut.

Und wenn, sag, und wenn
  nun dein Schatz zugrunde geht?
Und wenn, sag, und wenn
  nun dein Schatz zugrunde geht?
Der Dudelsack müsst spielen,
  und ich weinte früh und spät.
Doch ich spür tief in mir,
  dass er's lebend übersteht.

Schottische Ungeheuer

Es gibt viele Geschichten über Ungeheuer, die in den schottischen Seen oder «Lochs» leben («Loch» ist das schottische Wort für «See»). Im Norden Schottlands, im sogenannten Hochland, gibt es jede Menge Geschichten über seltsame Tiere in beinahe jedem «Loch». Es soll zwei Haupttypen von Ungeheuern geben:

Das wilde Kelpie ist ein Wassergeist in Pferdegestalt, der vom Teufel besessen ist und am liebsten die Mensch-

if it possibly can. This monster is to be avoided in every way; so if you see one, run as fast as you can in the opposite direction!

The water bull, however, is a peaceful creature. Water bulls have been seen in various lochs. Loch Arkaig, Loch Shiel, Loch Locky, Loch Quoich have all had sightings. The water bull in Loch Canisp is said to have a long neck, a head like a deer but no ears.

In Loch Oich in 1936 a black ferocious kelpie was seen with two humps, a snake-like body and a shaggy head. In Loch Morar a monster was seen which was like an attractive sea serpent; it was given the name "a'Mhorag". Was it a water bull or a ferocious kelpie? I leave it for you to decide.

The most famous monster – you may have heard of it – is the Loch Ness monster or "Nessie". The first sighting of this monster was apparently in AD 565 when the great St Columba, seeing the power the monster had over the Scottish tribes in that area, prayed that it would be taken away. It would appear his request was only partly acceded to. The fear and power he observed is gone but the monster continues to be the object of speculation and fascination to this very day. Hundreds of tourists and even scientists go to Loch Ness regularly with binoculars and telescopes in the hope of a sighting of it. Mussolini is said to have tried to bomb it, and the British Broadcasting Corporation (BBC) have done their best to photograph it. But no! Nessie is too clever for them and she

heit zugrunde richten will. Diesem Ungeheuer soll man auf jeden Fall aus dem Weg gehen. Wenn ihr eines seht, rennt so schnell ihr könnt in die entgegengesetzte Richtung!

Der Wasserbulle dagegen ist ein friedliches Geschöpf, das schon in verschiedenen «Lochs», wie Loch Arkaig, Loch Shiel, Loch Locky, Loch Quoich, gesichtet worden ist. Der Wasserbulle vom Loch Canisp soll einen langen Hals haben, einen Kopf wie ein Reh, aber keine Ohren.

1936 wurde im Loch Oich ein schwarzes wildes Kelpie gesehen, das zwei Höcker, einen schlangenähnlichen Körper und einen zottigen Kopf hatte. Im Loch Morar wurde ein Ungeheuer gesichtet, das wie eine verführerische Wasserschlange aussah; man gab ihm den Namen «a'Mhorag». War es nun ein Wasserbulle oder ein wildes Kelpie? Die Entscheidung überlasse ich euch.

Am berühmtesten, und davon werdet ihr bestimmt schon gehört haben, ist das Ungeheuer von Loch Ness oder «Nessie». Dieses Ungeheuer wurde angeblich schon 565 n. Chr. erstmals gesehen. Der große Sankt Columban betete damals für sein Verschwinden, als er sah, welche Macht das Ungeheuer über die schottischen Stämme in dieser Gegend hatte. Seine Gebete scheinen jedoch nur teilweise erhört worden zu sein. Die Angst vor ihm und seine Macht, die Columban beobachtet hatte, ist fort, aber das Ungeheuer beschäftigt die Leute bis zum heutigen Tag. Hunderte von Touristen, ja sogar Wissenschaftler, pilgern regelmäßig mit Feldstechern und Ferngläsern bewaffnet zum Loch Ness, in der Hoffnung, das Ungeheuer zu Gesicht zu bekommen. Mussolini soll versucht haben, es zu bombardieren, und die BBC, die Britischen Rundfunkanstalten, haben alles Mögliche unternommen, um ein Foto von ihm zu machen. Aber nein! Nessie ist viel

only seems to reveal herself to local people who are driving from Fort Augustus to Inverness late on Saturday evening after drinking large quantities of Scottish beer.

Scottish Food

The Scottish people have many of their own foods and are especially fond of porridge, made from oats, a crop which grows easily in the harsh climate of Scotland.

Perhaps the most famous dish is haggis which is made from a sheep's stomach, liver, kidneys etc. There are many jokes made about haggis. Often Scots pretend it is an animal which shooting parties hunt. Perhaps it would look like this, if it were true ...

zu schlau für sie; sie scheint sich nur den Leuten aus der Gegend zu zeigen, wenn sie am Samstag, spät abends, nach reichlichem Genuss schottischen Bieres von Fort Augustus nach Inverness fahren.

Schottisches Essen

Die Schotten haben viele Nationalgerichte und lieben vor allem Porridge, einen Brei aus Haferflocken – Hafer ist eine Getreideart, die in dem rauen Klima Schottlands gut gedeiht.

Das bekannteste Gericht ist wohl «Haggis», ein Presssack (eine Sülze) aus den Innereien vom Schaf, wie Magen, Leber, Nieren usw. Es gibt viele Witze über Haggis. Die Schotten behaupten oft, es handle sich um ein Tier, das von Jägern gejagt wird. Wenn das zuträfe, sähe es vielleicht so aus:

However, it is just a joke and here is the recipe to prove it:

1 sheep's heart, lungs, liver and stomach bag
2 teacups of toasted oatmeal
1 teaspoon of salt
8 ounces of shredded suet
2 small onions
1 teaspoon of black pepper

Scrape and clean bag in cold then warm water, soak in salt water over night.

Wash, then boil for two hours, with the windpipe draining over the side of the pot. Retain one pint of stock.

Cut off the windpipe, remove surplus gristle, chop or mince heart and lungs, grate best part of liver (only about half).

Chop and parboil the onions, mix all together with oatmeal, suet, salt, pepper and stock to moisten.

Pack the mixture into the bag, allowing for swelling. Boil for nearly three hours pricking regularly all over.

If a bag is not available steam in a greased basin covered by greaseproof paper and cloth for four to five hours.

Es ist aber nur ein Scherz, und hier ist das Rezept als Beweis dafür:

Herz, Lungen, Leber und Darm vom Schaf
2 Teetassen geröstete Hafergrütze
1 Teelöffel Salz
200 g zerlassenes Nierenfett
2 kleine Zwiebeln
1 Teelöffel schwarzer Pfeffer

Den Darm erst im kalten, dann im warmen Wasser säubern und über Nacht in Salzwasser wässern.

Den Darm auswaschen und zwei Stunden lang kochen, die Luftröhre aus dem Topf hinaushängen lassen. Etwa einen halben Liter von der Brühe zurückbehalten.

Die Luftröhre abschneiden, verbleibende Knorpel entfernen, Herz und Lungen kleinhacken, das beste Stück der Leber zerkleinern (nur etwa die Hälfte).

Die Zwiebeln hacken und anbraten, alles mit der Hafergrütze, dem Nierenfett, mit Salz und Pfeffer mischen und mit der Brühe anfeuchten.

Das Gemisch in den Darm füllen. Platz lassen: Es quillt noch auf! Fast drei Stunden kochen, regelmäßig rundherum anstechen.

Wenn kein Darm zur Verfügung steht, das Gemisch in einem gefetteten Topf, mit fettabweisendem Papier und einem Tuch bedeckt, im Dampf vier bis fünf Stunden garen.

Education in Scotland

The Scots have always been very keen about education and had systems to ensure that the young were well prepared academically long before other countries in the United Kingdom.

Edinburgh has the oldest high school in Britain, established in 1128.

Lanark has the oldest grammar school in Britain, mentioned in a papal bull in 1183.

In Scotland the first state secondary school was established (1872) and the first free state primary education in the whole of Britain was introduced.

Scotland has eight universities, the oldest of which, St Andrews, was established in 1411.

The Lord of Lorn

The ancient Scottish Lord of Lorn sent his only son to school for a good education. The boy was clever and learned quickly. After some time the schoolmaster told the Lord, "Now your son should go to France, for in France he will learn how to speak French and to rule a people wisely." The Lord wrote a letter to a French Duke to ask him if he would take his son into his household to learn these things.

The Lady of Lorn was nervous. "Who will take care of my little son in such a strange

Schulbildung in Schottland

Die Schotten haben immer großen Wert auf Bildung gelegt und planmäßig dafür gesorgt, dass ihre jungen Leute zu Akademikern ausgebildet wurden, bevor dies in anderen Ländern des Vereinigten Königreichs der Fall war.

Edinburgh hat 1128 die älteste höhere Schule in Britannien, gegründet.

Lanark hat die älteste Grammar School in Britannien; sie wird in einer päpstlichen Bulle von 1138 erwähnt.

In Schottland gab es die erste staatliche höhere Schule (1872) und die erste kostenlose Grundschulausbildung in ganz Britannien.

Schottland besitzt acht Universitäten; deren älteste, St. Andrews, wurde 1411 gegründet.

Der Lord von Lorn

Der alte schottische Lord von Lorn sandte seinen einzigen Sohn zur Schule, um ihm eine gute Ausbildung zu bieten. Der Junge war gescheit und lernte schnell. Nach einiger Zeit sagte der Lehrer zum Lord: «Jetzt sollte Ihr Sohn nach Frankreich gehen, denn dort lernt er Französisch und lernt, wie man ein Volk weise lenkt.» Der Lord schrieb einen Brief an einen Herzog in Frankreich und fragte ihn, ob er seinen Sohn bei sich aufnehmen würde, damit er dies alles lerne.

Die Lady von Lorn war beunruhigt. «Wer wird sich in so einem fremden Land um meinen kleinen Sohn

country?" she thought, and decided to send the head servant to care for the boy. The Lord agreed, "He is a loyal man, we can safely trust our little son to him."

All went well until the ship landed on the coast of France. The servant and the young Lord disembarked. As soon as the ship was out of sight the servant began to treat the boy badly. He made him ride behind him, laughed at him and refused to give him any food or money. The poor boy grew more miserable as each day passed. At the point of death the boy cried, "If you will only spare my life I will give you all my belongings."

So it happened that the boy parted with all his worldly goods. He ran into a dark forest. In the midst of the forest he came upon a meadow and a shepherd's hut. He knocked at the door and when the shepherd opened he said to him, "I am a servant lad and I am very good with the sheep. May I have a job with you?"

The man replied, "I have no children of my own and you look a good boy, so perhaps I shall say yes. But why do you speak our language so roughly?" The boy explained his Scottish birth, inventing a report of being shipwrecked to suppress his noble descent. The kind shepherd took him into his home and they lived happily together.

What then happened to the wicked servant? Well, he travelled on to the castle of the French Duke and introduced himself as the heir of Lorn. "I thought the heir of Lorn was much

kümmern? », überlegte sie und beschloss, ihren ersten Diener mitzuschicken, damit er sich um den Jungen kümmere. Der Lord war einverstanden. « Er ist ein verlässlicher Mann », sagte er, « wir können ihm unseren kleinen Sohn beruhigt anvertrauen. »

Alles ging gut bis zur Landung des Schiffs an der französischen Küste. Der Diener und der junge Lord gingen an Land. Sobald das Schiff außer Sichtweite war, begann der Diener den Jungen schlecht zu behandeln. Er ließ ihn hinter sich her reiten, lachte ihn aus und weigerte sich, ihm Essen oder Geld zu geben. Dem armen Jungen ging es von Tag zu Tag schlechter. Dem Tod nahe, rief er: « Wenn du mich nur am Leben lässt, gebe ich dir meine ganze Habe! »

So geschah es, dass der Junge sich von all seinem irdischen Besitz trennte. Er floh in einen dunklen Wald. Mitten im Wald kam er auf eine Wiese und zur Hütte eines Schäfers. Er klopfte an die Tür, und als der Schäfer öffnete, sagte er zu ihm: « Ich bin ein Dienstjunge und kann sehr gut Schafe hüten. Kann ich bei Euch arbeiten? »

Der Mann antwortete: « Ich habe keine eigenen Kinder, und du scheinst ein guter Junge zu sein, darum sollte ich vielleicht Ja sagen. Aber warum sprichst du unsere Sprache so holprig? » Der Junge erklärte ihm, dass er in Schottland geboren sei und erfand eine Geschichte von einem Schiffbruch, um seine vornehme Herkunft zu verheimlichen. Der freundliche Schäfer nahm ihn in sein Haus auf, und sie lebten glücklich zusammen.

Was geschah aber mit dem niederträchtigen Diener? Nun, der ritt zum Schloss des französischen Herzogs und stellte sich dort als der Erbe von Lorn vor. Der Herzog sagte: « Ich dachte, der Erbe von Lorn sei viel

younger," said the Duke. The servant answered, "We Scottish folk are well fed and well bred from the moment of birth, so we grow strong within few years." The Duke, although somewhat astonished, took the man in his castle.

The Duke had a beautiful daughter. As soon as the wicked servant had set eyes upon her he decided to have her for his bride. So he went and asked the Duke the hand of his daughter. The Duke thought for a while and decided that the heir of Lorn being rich would be a good match. Nobody asked the girl what she wished, for in those days a girl did what her father thought best.

The princess did not like the heir of Lorn the slightest bit and, although not asked at all, said, "May I wait a while, father? I am so young and would like a little time before I wed." Her father agreed and told the wicked servant he must wait a while.

Time passed and one day the Duke's daughter was out riding when she saw the real heir of Lorn sitting on the meadow minding sheep. He, meanwhile, had grown rather tall and handsome. The princess asked one of her servants to go and fetch the boy in order to speak to him. The boy came and knelt before her. "Oh, you know how to treat a lady!" she said and asked him where he was from and why he had such a sad face. He told her that he was from Scotland and explained what had happened to him.

"How strange," said the Duke's daughter aside, "for the heir of Lorn from Scotland is liv-

jünger ! » Der Diener antwortete : « Wir Schotten werden von Geburt an gehäppelt und gepäppelt, darum werden wir in wenigen Jahren groß und stark. » Der Herzog wunderte sich etwas, aber er nahm den Mann in sein Schloss auf.

Der Herzog hatte eine schöne Tochter. Kaum hatte der niederträchtige Diener sie erblickt, beschloss er, sie zu heiraten und bat den Herzog um die Hand seiner Tochter. Der Herzog dachte eine Weile nach und kam zu dem Schluss, dass der Erbe von Lorn reich war und somit eine gute Partie sein würde. Keiner fragte das Mädchen nach ihren Wünschen, denn in jenen Zeiten hatte ein Mädchen das zu tun, was der Vater für das Beste hielt.

Die Prinzessin mochte den Erben von Lorn überhaupt nicht, und obwohl sie nicht gefragt worden war, sagte sie : « Vater, darf ich ein Weilchen warten? Ich bin noch so jung und hätte lieber noch ein wenig Zeit bis zur Hochzeit. » Der Vater gab ihr recht und sagte dem niederträchtigen Diener, dass er sich eine Weile gedulden müsse.

Die Zeit verging, und eines Tages sah die Tochter des Herzogs bei einem Ausritt den wahren Erben von Lorn auf der Waldwiese sitzen und Schafe hüten. Er war inzwischen ziemlich groß und ansehnlich geworden. Die Prinzessin trug einem ihrer Diener auf, den Jungen herzuholen, damit sie sich mit ihm unterhalten könne. Der Junge kam und beugte sein Knie vor ihr : « Oh, du weißt, wie man sich gegenüber einer Dame beträgt ! », sagte sie und fragte ihn, woher er komme und warum er so traurig aussehe. Er sagte, dass er aus Schottland stamme, und erklärte ihr, was ihm widerfahren sei.

« Wie seltsam », sagte die Prinzessin bei sich, « der Erbe von Lorn aus Schottland lebt doch in unserem

ing in our castle and wishes to marry me." She asked the boy, "Will you come and be my page? I think you should be living in a less rough place with your lovely skin and fine manners."

So the boy rushed back to the shepherd and asked him if he would agree to release him to go to the castle as a page. "Well my boy, you are certainly more fitted to the life in a castle than to life here. You go and may God be with you!"

Thus there came to be two heirs, the real heir of Lorn and the false heir of Lorn, living in the castle of the French Duke. Of course it was not long before the truth finally came out. The wicked servant was banished from the court, and the real heir of Lorn won the heart of the Duke's daughter and ... well, have you guessed? Yes, they were married and sailed to bonny old Scotland with five hundred knights and men-at-arms and lived happily ever after. Whether

Schloss und möchte mich heiraten.» Sie fragte den Jungen: «Willst du mit mir kommen und mein Page sein? Ich glaube, mit deiner feinen Haut und deinem guten Benehmen solltest du an einem weniger rauen Ort leben.»

Da lief der Junge zu dem Schäfer und fragte ihn, ob er ihn freigäbe, damit er in Zukunft als Page auf dem Schloss arbeiten könne. «Nun, mein Junge, du bist gewiss eher für das Leben auf einem Schloss als für das Leben hier geeignet. Geh nur, und möge Gott dich schützen!»

So kam es, dass zwei Erbsöhne, der echte Erbe von Lorn und der falsche Erbe von Lorn, im Schloss des französischen Herzogs lebten. Natürlich dauerte es nicht lange, bis die Wahrheit an den Tag kam. Der niederträchtige Diener wurde vom Hof gejagt. Der echte Erbe von Lorn gewann das Herz der Prinzessin, und ... nun, habt ihr's erraten? Klar! Sie heirateten und segelten mit fünfhundert Rittern und bewaffneten Soldaten in das gute alte Schottland und lebten von da an immer glück-

they made conversation in good Scottish or fine French I don't know. At any rate their children and grandchildren were well learned people who founded primary and upper schools and universities of which Scotland is justifiably proud.

A Great Scottish Poet

In 1759 Robert Burns was born in a little cottage built by his father in Alloway in Ayrshire. He was the eldest of seven children. After farming near Mauchline and at Ellisland, he worked as a customs officer at Dumfries.

His poems are full of warmth and tenderness.

Some of them show how much he loved the Scottish countryside, in others you can feel his knowledge of human beings with their passions, hopes, happiness and sorrows.

In 1796, at the age of 37, Robert Burns died at Dumfries. His memory is celebrated each year on his birthday, January 25th. It is called Burns' Night, when Scottish people have parties, games and generally enjoy themselves.

Burns wrote in "Scots", a Germanic language variety spoken in Lowland Scotland. The poem below is a prayer before eating and you can see some words in it which are of the old Scottish dialect. Its title is 'The Selkirk Grace':

lich. Ob sie sich in gutem Schottisch oder feinem Französisch unterhielten, weiß ich nicht. Jedenfalls waren ihre Kinder und Enkel gebildete Menschen; sie gründeten Volksschulen, höhere Schulen und Universitäten, worauf Schottland zu Recht stolz ist.

Ein großer schottischer Dichter

Im Jahre 1759 wurde Robert Burns in einem kleinen, von seinem Vater gebauten Haus in Alloway in Ayrshire als ältestes von sieben Kindern geboren. Er arbeitete zunächst als Bauer in der Nähe von Mauchline und in Ellisland, später als Zollbeamter in Dumfries.

Seine Gedichte sind voller Wärme und Zartheit. Einige von ihnen bezeugen seine Liebe zur schottischen Landschaft, in anderen spürt man seine Kenntnis der Menschen und ihrer Leidenschaften, Hoffnungen, Freuden und Schmerzen.

1796, im Alter von 37 Jahren, starb Robert Burns in Dumfries. Zum Gedenken an seinen Geburtstag, den 25. Januar, wird jedes Jahr «Burns' Nacht» gefeiert. Da gibt es bei den Schotten Feste, Spiele und allen möglichen geselligen Spaß.

Burns schrieb in «Scots», einer Variante der germanischen Sprache, die im schottischen Tiefland gesprochen wird. Das folgende Gedicht ist ein Tischgebet. Ihr findet darin einige Wortformen aus der alten schottischen Mundart. Das Gedicht hat die Überschrift ‹Tischgebet aus Selkirk›:

Some hae meat an' canna eat
an' some wad eat that want it.
But we hae meat an' we can eat
an' sae the Lord be thankit.

A Few Scottish Snapshots

Over several hundred years there was a special connection between Scotland and Danzig, which was a German city in those days. As early as 1380 the first Scottish settlement was established there, a kind of a suburb called Alt-Schottland. In 1577 the city of Danzig hired seven hundred Scots to fight against the Poles. Nearly two hundred years later the wealthy Scottish merchant James Cockburn, Germanised Jacob Kabrun, financed the building of the Danzig opera house.

Scotland has produced many great engineers, including some in recent decades. To help ease the energy problem, the engineer Stephen Salter of the Edinburgh University has invented a system of generating electricity from the waves of the sea. The machine is nick-named "Duck", from the bobbing motion it makes on the waves. The full potential of this invention has yet to be developed.

Pioneers in another area were the two engineers John Logie Baird and Alan Swinton both new technics which enabled television to become a reality.

Der een het Hunger un keen Brot,
de anner het Brot un mag nich eten.
Wi hevt Hunger und hevt Brot Gott,
lat den Dank us nich vergeten.

Noch ein paar schottische Notizen

Mehrere hundert Jahre hindurch bestand eine besondere Verbindung zwischen Schottland und Danzig, das damals eine deutsche Stadt war. Bereits im Jahre 1380 wurde dort die erste schottische Siedlung errichtet, eine Art Vorort, der Alt-Schottland genannt wurde. 1577 wurden von der Stadt Danzig siebenhundert Schotten für den Kampf gegen die Polen angeheuert. Fast zweihundert Jahre später finanzierte der reiche schottische Kaufmann James Cockburn, auf deutsch Jakob Kabrun, den Bau des Danziger Opernhauses.

Schottland hat viele bedeutende Ingenieure hervorgebracht, darunter einige in den letzten Jahrzehnten. Als Beitrag zur Entschärfung des Energieproblems hat der Ingenieur Stephen Salter von der Universität Edinburgh eine Anlage zur Stromerzeugung durch die Meeresbrandung erfunden. Dieser Maschine hat man wegen ihrer Auf- und Abbewegung auf den Wellen den Spitznamen «Ente» gegeben. Die volle Nutzung dieser Erfindung muss erst noch entwickelt werden.

Schrittmacher auf einem anderen Gebiet waren die beiden Ingenieure John Logie Baird und Alan Swinton, die sich um neue Techniken zur Realisierung des Fernsehens verdient gemacht haben.

A most notable civil engineering feat in Scotland is the Forth Railway Bridge. It is 2.4 kilometres long with 54 000 tons of steel fastened with 6.5 million rivets. After seven years of construction it was completed in 1890. It used to be continuously painted, taking four years to complete and then the painters began all over again. Now, a new paint has enabled the bridge to be relieved of this constant attention. However, it has the accolade of being the most photographed bridge in the world, or so I am told!

If you visit Edinburgh do make the effort to travel the short distance up the river to view this magnificent sight with the modern 1000-metre long road suspension bridge alongside, completed in 1964.

Scotland is the birthplace of a number of sports, the most famous being golf. Every year enthusiastic golfers from all over the world make a type of pilgrimage to Saint Andrews, which boasts the first 18-hole golf course in history.

From October to May Scotland has some of the worst weather in the United Kingdom, with many hours of darkness. Even in summer you cannot be too sure about the weather, and when it rains in Scotland it really rains!

Once, returning from a holiday in Scotland, having had two weeks of delightfully sunny weather, we decided to visit Fort William and perhaps climb Ben Nevis (Britain's highest mountain). As we drove into the town the rain

Eine besondere Leistung des schottischen Ingenieurwesens ist die Eisenbahnbrücke über den Forth. Sie ist 2,4 Kilometer lang und besteht aus 54 000 Tonnen Stahl, der mit 6,5 Millionen Nieten verarbeitet ist. Nach siebenjähriger Bauzeit wurde die Brücke 1890 fertiggestellt. Sie musste fortlaufend gestrichen werden, was von Anfang bis Ende vier Jahre dauerte. Dann fingen die Maler wieder von vorne an. Inzwischen erlöste eine neue Farbe die Brücke von dieser ständigen Wartung. Immerhin hat sie die Auszeichnung, die meistfotografierte Brücke der Welt zu sein – das wurde mir jedenfalls gesagt.

Wenn ihr nach Edinburgh kommt, scheut nicht die kurze Fahrt flussaufwärts, um den großartigen Anblick zu erleben: die Eisenbahnbrücke Seite an Seite mit der 1964 fertiggestellten Straßenbrücke, einer Hängebrücke mit tausend Metern Spannweite.

Schottland ist die Geburtsstätte etlicher Sportarten, von denen Golf die bekannteste ist. Begeisterte Golfer aus der ganzen Welt unternehmen alljährlich eine Art Wallfahrt nach St. Andrews, das sich rühmt, den ersten 18-Loch-Platz der Geschichte zu besitzen.

Von Oktober bis Mai hat Schottland so ziemlich das abscheulichste Wetter im Vereinigten Königreich, mit vielen Stunden Dunkelheit. Aber auch im Sommer kann man sich nicht allzusehr auf das Wetter verlassen, und wenn es in Schottland regnet, dann regnet es wirklich!

Wir hatten einmal Ferien in Schottland hinter uns, zwei Wochen mit herrlicher Sonne. Danach wollten wir noch Fort William besuchen und vielleicht auf den Ben Nevis (den höchsten Berg Großbritanniens) steigen. Als wir in die Stadt einfuhren, begann es zu regnen.

began. We parked the car and ran quickly across the street. Not quickly enough ! We were both soaked and had to change all our clothes. The strength of the rain that day means that although we have visited Fort William and Ben Nevis we have seen neither.

Ireland

Ireland is the second largest island of Britain. A long-standing religious and political conflict has divided the island. This division came about after the Irish people fought for hundreds of years to gain political independence from the UK.

In 1921 they were able to build a new state, the "Irish Free State", the later Republic with the capital city, Dublin. This takes the largest section of the island. "Nothern Ireland" is part of the U.K. and includes six nothern counties with their capital city, Belfast. This was the wish of the majority of the population at the time of the division.

Although Ireland is still divided the people reach an agreement in 1997 which has brought a good measure of peace to the Nothern counties and both parts work more closely together than

Wir stellten den Wagen ab und liefen schnell über die Straße. Aber nicht schnell genug! Wir waren beide tropfnass und mussten uns vollständig umziehen. Der gewaltige Regen an diesem Tag hat bewirkt, dass wir zwar Fort William und den Ben Nevis besucht, aber beide nicht zu sehen bekommen haben.

Irland

Irland ist die zweitgrößte Insel Britanniens. Ein lange sich hinziehender religiöser und politischer Kampf hat die Insel zweigeteilt. Diese Aufteilung ergab sich, nachdem das irische Volk über Jahrhunderte für eine politische Unabhängigkeit vom Vereinigten Königreich gekämpft hatte.

1921 gelang es, einen «Irischen Freistaat» zu bilden, die spätere «Republik Irland» mit der Hauptstadt Dublin. Sie nimmt den größten Teil der Insel ein. «Nordirland», zu dem sechs nördliche Grafschaften mit der Hauptstadt Belfast gehören, ist Teil des Vereinigten Königreichs. Dies war der Wunsch der Mehrheit der Bevölkerung zur Zeit der Teilung.

Obwohl Irland auch heute noch geteilt ist, erzielte das Volk 1997 ein Abkommen, das den nördlichen Grafschaften ein gutes Stück Frieden brachte, die Parteien arbeiten

ever before. This has encouraged much development in Northern Ireland and new areas around the old docks have concert halls and cafés with the old scars of bombing in more troubled times fading away.

But all of the landscape is beautiful and the visitor will not really be aware of differences between the two parts, except perhaps the accents. There are mountains, lakes, green fields and picturesque towns with old-fashioned streets, churchyards and inns. The large quantities of rain make the green very bright and have earned the island the title "the Emerald Isle".

Saint Patrick

Just as Saint George is the patron saint of England so Patrick is special to the people of Ireland. He is remembered with affection and veneration to this very day. This is his story:

One cold and wet day Patrick sailed away from the coast of Ireland. He was dirty and uncomfortable, but in his heart he was happy.

Many years earlier, in his childhood, Patrick had lived in comfort in a lovely old home, Roman style, with his parents in England. They were all Christians and worshipped together with the monks in the abbey in a part of Northumberland. One terrible day raiders came from Ireland to capture slaves. Unfortunately Patrick was captured and taken back to Ireland by a fierce war-

enger zusammen denn je. Das regte die Entwicklung in Nordirland deutlich an und es entstanden um die alten Hafenanlagen neue Viertel mit Konzertsälen und Cafés, die die alten, von Bomben aus unruhigeren Zeiten verursachten Narben verschwinden lassen.

Die Landschaft ist gleichermaßen wunderschön, und der Besucher wird Unterschiede zwischen den beiden Teilen kaum feststellen, außer vielleicht am Akzent. Da gibt es Berge, Seen, grüne Fluren und malerische Städte mit altertümlichen Straßen, Friedhöfen und Kneipen. Der viele Regen macht alles Grüne noch grüner und hat der Insel den Beinamen « Smaragd-Insel » eingetragen.

Der heilige Patrick

So wie Sankt Georg der Schutzheilige für England ist, ist Patrick besonders mit dem irischen Volk verbunden. Bis zum heutigen Tage denkt man dort mit Liebe und Verehrung an ihn. Hier ist seine Geschichte:

An einem kalten und nassen Tag fuhr Patrick auf einem Schiff weg von der Küste Irlands. Er war schmutzig und abgerissen, doch er war frohen Mutes.

Viele Jahre davor, in seiner Kindheit, hatte Patrick behaglich mit seinen Eltern in einem hübschen alten Haus römischer Bauart in England gewohnt. Sie waren alle Christen und beteten gemeinsam mit den Mönchen im Kloster in einem Bezirk von Northumberland. Eines schrecklichen Tages waren irische Räuber gekommen, um Menschen als Sklaven gefangenzunehmen. Patrick wurde unglückseligerweise von einem grimmigen

lord to work for him as a shepherd on the wild mountains.

There he spent a sad time. He was often cold and wet from the rain and very unhappy. He was constantly pondering how he could escape from this terrible place.

One night as he slept with his rough shepherd's robe around him, he saw in a dream an angel. The angel said to him: "Patrick, in a little cove not far from here is a boat sheltering from the storm. When the storm passes it will sail away to the land of the Britons. Make sure you are on the boat!" Patrick woke up quickly. He ran swiftly to the spot the angel had described and, sure enough, there was the boat.

Patrick asked the captain for a passage to Britain, and the captain consented – and now he saw the coast of Ireland vanishing as he sailed away. He prayed that he would never return to that terrible and lonely place. It was not to be.

Patrick studied to become a priest and finally took holy orders. He travelled to France to study some more. While he was there his dreams often had a strange man in them. The man, whose face seemed well-known to Patrick, was dressed as a Roman but spoke the Irish language and all the words he ever spoke were: "Come back to Ireland." After many times dreaming the same dream, Patrick realised the man was the same angel who had helped him escape from Ireland. Immediately he understood that God was calling him to go back to the pagan people of Ireland and tell them about Jesus Christ. Patrick was afraid and did not really

Kriegsherrn gefangengenommen; er sollte bei ihm in den wilden Bergen Irlands als Schafhüter arbeiten.

Dort verbrachte Patrick eine traurige Zeit – oft fror er, war vom Regen durchnässt und sehr unglücklich. Ständig dachte er darüber nach, wie er diesem schrecklichen Ort entfliehen könnte.

Eines Nachts, als er, in seine grobe Schafhüterdecke gewickelt, schlief, sah er im Traum einen Engel. Der Engel sagte: « Patrick, in einer kleinen Bucht nicht weit von hier liegt ein Schiff, das dort Schutz vor dem Sturm sucht. Wenn sich der Sturm legt, wird es in das Land der Briten fahren. Sieh zu, dass du auf dieses Schiff kommst! » Da erwachte Patrick. Er lief schleunigst zu der Stelle, die der Engel beschrieben hatte, und tatsächlich, da lag das Schiff.

Patrick bat den Kapitän, ihn nach Britannien mitzunehmen, und der stimmte zu – und nun sah er die Küste Irlands entschwinden. Er betete, dass er nie wieder an diesen schrecklichen einsamen Ort zurückkehren müsse. Doch es kam anders.

Patrick studierte, um Priester zu werden und empfing schließlich die heiligen Weihen. Danach reiste er nach Frankreich, um sich weiterzubilden. In dieser Zeit erschien ihm in seinen Träumen oft ein seltsamer Mann. Dessen Gesicht kam ihm bekannt vor; er war als Römer gekleidet, sprach aber Irisch, und was er sagte, war immer nur: « Komm zurück nach Irland. » Nachdem Patrick diesen Traum oftmals geträumt hatte, wurde ihm klar, dass der Mann derselbe Engel war, der ihm zu seiner Flucht aus Irland verholfen hatte. Damit begriff er auch gleich, dass Gott ihn aufrief, zurück zu dem heidnischen Volk von Irland zu gehen, um ihm von Jesus Christus zu erzählen. Patrick hatte Angst und wollte nur ungern an

want to return to that place with its sad memories. However, he obeyed and sailed back to Ireland or Erin as it was called at that time.

When Patrick landed in Erin he met a boy who was tending sheep just like the boy he had been years ago. The boy agreed to introduce Patrick to his parents. As they walked through the fields, Patrick explained that he had once cared for sheep in Erin but had escaped to learn to be a Christian and was now returning to share Christianity with the people of Erin.

The boy's father and mother listened intently to the newcomer Patrick, and the whole family became the first converts in Erin.

After that it was not long before all Ireland became wholly Christianized, and more, its monasteries became starting points of evangelisation in the British islands and on the Continent.

Patrick is also said to have cleared out all the snakes from Ireland. This is perhaps a somewhat unlikely story. However, there are no snakes in Ireland.

Agriculture

Two products grow very well in the rather wet climate of Northern Ireland: potatoes and flax.

The Irish potatoes are reputed to be the very best in the whole of the UK and many gardeners try to get Irish seed potatoes to form the basis for their own crops.

den Ort seiner traurigen Erinnerungen zurückkehren. Aber er gehorchte und fuhr zurück nach Irland oder Erin, wie es damals hieß.

Als Patrick in Erin ankam, traf er einen Jungen, der Schafe hütete, genau wie er selbst vor Jahren. Der Junge war bereit, Patrick seinen Eltern vorzustellen. Während sie über die Felder gingen, erklärte Patrick, dass auch er einst in Erin Schafe gehütet hatte, dass er aber geflohen sei, um Christ zu werden, und nun zurückkomme, um auch die Menschen in Erin zum Christentum zu bekehren.

Der Vater und die Mutter des Jungen hörten dem neu angekommenen Gast aufmerksam zu, und so wurde diese Familie als Erste in Erin bekehrt.

Danach dauerte es nicht lange und ganz Irland wurde christianisiert, ja, seine Klöster wurden Ausgangspunkte der christlichen Mission auf den britischen Inseln und auf dem europäischen Festland.

Patrick soll übrigens alle Schlangen aus Irland vertrieben haben. Das klingt vielleicht ein bisschen unwahrscheinlich. Aber Tatsache ist, dass es keine Schlangen in Irland gibt.

Landwirtschaft

Zwei Erzeugnisse wachsen in dem recht feuchten Klima Nordirlands besonders gut: Kartoffeln und Flachs.

Die irischen Kartoffeln gelten als die allerbesten im gesamten Vereinigten Königreich; viele Gärtner versuchen irische Saatkartoffeln zu bekommen, als Grundlage für ihren eigenen Anbau.

The Irish people make wide use of the potato, not only as the traditional vegetable to have with meat and green vegetables, but also for baking purposes. The following recipe is a delicious Irish potato cake for you to try:

¼ teaspoon of salt
a little melted butter
8 oz of boiled potatoes squeezed through a sieve
1 oz of oatmeal
1 oz of flour
a little cooking oil

Add the salt and melted butter to the potatoes, and then work in the oatmeal and flour to make the mixture stiff enough to roll. Roll out thinly and cut into squares or rounds or triangles. Fry in hot oil until golden-brown on both sides. Serve hot with savoury or sweet accompaniments.

Flax is also widely grown and processed into fine linen. Irish linen is renowned in the whole world for its quality and finish. I had a delightful set of tableware given to me for my wedding. It consisted of a cloth and six napkins. These have been washed and pressed to perfection over nearly forty years of use and still function as required.

I have never had the privilege to sleep in Irish linen sheets, but I am told the sensation is not to be missed during a lifetime. Apparently they are cool in warm weather and warm in cold weather and one always feels comfortable and fresh in them.

Die Iren verwenden die Kartoffel sehr vielseitig: nicht nur als herkömmliches Gemüse mit Fleisch und grünem Gemüse, sondern auch zum Backen. Folgendes Rezept ist ein köstlicher irischer Kartoffelkuchen, den ihr versuchen könnt:

¼ Teelöffel Salz
etwas zerlassene Butter
½ Pfund gekochte Kartoffeln, durch ein Sieb gedrückt
25 Gramm Hafergrütze
25 Gramm Mehl
etwas Öl zum Braten

Salz und zerlassene Butter zu den Kartoffeln geben, dann die Hafergrütze und das Mehl untermengen, bis das Gemisch fest genug ist zum Rollen. Dünn ausrollen und viereckige, dreieckige oder runde Stücke ausstechen. In heißem Öl auf beiden Seiten goldbraun braten. Mit würzigen oder süßen Beilagen heiß servieren.

In Irland wird auch sehr viel Flachs angebaut und zu feinem Leinen verarbeitet. Irisches Leinen ist weltbekannt für seine Qualität und Verarbeitung. Zu meiner Hochzeit habe ich wunderschöne Tischwäsche bekommen. Sie bestand aus einer Decke und sechs Servietten. Nach fast vierzig Jahren Gebrauch mit ständigem Waschen und Bügeln tut sie immer noch ihren Dienst.

Ich hatte nie den Vorzug, in irischer Leinenbettwäsche zu schlafen, aber ich habe gehört, dass man dieses Gefühl sein Leben lang nicht mehr missen möchte. Sie soll bei warmem Wetter kühl und bei kaltem Wetter warm sein, und man soll sich immer frisch und behaglich darin fühlen.

Irish linen is, unfortunately, rather expensive, but many families like to have at least one item made from this delightful natural fabric. If you travel as far as Ireland, the cheapest item would probably be a tea towel. Many of these have pictures and short sayings painted or written on the cloth; so you would be able to display it on the wall of your home should you wish.

Giant Finn

On the beautiful coast of County Antrim lies an unusual geological feature called the Giant's Causeway. This consists of a line of large basalt pieces which are like hexagonal truncated columns, mainly irregular. The diameter of these is between 15 and 20 inches, and the formation extends into the sea about a hundred metres. It is an unusual sight and this is probably what gave rise to the story which follows.

Once in Ireland there lived many giants, but as time went by, they began to die out and at last there were only two of them left, Cucullin and Giant Finn. Finn decided to build a path from Ireland to Scotland so that he could visit the Scots.

Finn began to work on his big project. He had many doubts about how he would be able to complete such a vast task all alone. One day while he was eating the lovely meal his dear wife had prepared for him – it consisted of twelve big brown bread loaves –, he thought about Cucullin, who was the other giant left in Ireland. "Maybe, if we be-

Leider ist irisches Leinen ziemlich teuer, aber viele Familien wollen wenigstens ein Stück aus diesem wunderbaren Naturgewebe haben. Wenn ihr den weiten Weg bis nach Irland macht – das billigste Stück wäre wahrscheinlich ein Geschirrtuch. Auf viele dieser Tücher sind Bilder gemalt und kleine Sprüche geschrieben. So könntet ihr es, wenn ihr wollt, zu Hause an die Wand hängen.

Der Riese Finn

An der wunderschönen Küste der Grafschaft Antrim gibt es eine geologische Eigentümlichkeit, genannt Giant's Causeway. Er besteht aus einer Zeile mächtiger Basaltbrocken, die wie große, meist ungleichmäßig sechseckige Säulenstümpfe aussehen. Sie haben einen Durchmesser von 40 bis 50 Zentimeter, und das Ganze reicht ungefähr hundert Meter weit ins Meer hinaus. Es ist ein ungewöhnlicher Anblick, der wohl Anlass war für die folgende Sage.

Früher lebten in Irland viele Riesen, doch im Laufe der Zeit starben sie langsam aus, und schließlich gab es nur noch zwei, Cucullin und der Riese Finn; dieser beschloss eines Tages, einen Pfad von Irland nach Schottland zu bauen, damit er die Schotten besuchen konnte.

Finn begann mit der Arbeit an seinem großen Vorhaben. Er war sehr im Zweifel, dass eine so gewaltige Aufgabe von ihm allein zu bewältigen sei. Als er eines Tages das treffliche Mahl verspeiste, das seine liebe Frau ihm zubereitet hatte – es bestand aus zwölf großen braunen Brotlaiben –, dachte er an Cucullin, den anderen übriggebliebenen Riesen Irlands. « Vielleicht, wenn wir uns ein

came a little more friendly, we could work together and complete the task."

But, this giant was much stronger than Finn and was always trying to challenge Finn to fight. Finn trembled at the thought of it.

"What is the matter, Finn?" said his wife. "Is my food not good enough for my husband?"

"Oh yes, it is good," replied Finn. "I was only just thinking that old Cucullin will come to pick the quarrel he so desires, and I think I am a little afraid of him."

"You should not worry, my dear husband!" said his cunning wife. "Just you keep a lookout for Cucullin and I will work out a good plan. Do not disturb me."

wenig anfreundeten, könnten wir gemeinsam arbeiten und es schaffen.»

Aber dieser Riese war viel stärker als Finn und versuchte immer, Finn zu einem Zweikampf herauszufordern. Finn zitterte, wenn er daran dachte.

«Was ist denn los, Finn?», fragte ihn seine Frau. «Schmeckt meinem Mann das Essen nicht?»

«Doch, doch», antwortete Finn, «ich denke nur gerade an den alten Cucullin, der bald vorbeikommen wird, um den von ihm so ersehnten Streit vom Zaun zu brechen; ich glaube, ich habe ein bisschen Angst vor ihm!»

«Mein lieber Mann, mach dir keine Sorgen», sagte die schlaue Frau. «Halte du nur Ausschau nach Cucullin! Ich will mir etwas Gescheites ausdenken. Stör mich nicht dabei!»

She made some more of her delicious loaves, but this time they had some very special ingredients.

At last, Finn saw the giant Cucullin on a faraway hill. Finn began to shake and tremble. He groaned: "Dear wife, he will make mincemeat of me!"

"Do not be so fearful, my dear," said his wife. "I have heard that all his strength comes from his little finger, and should he lose it, he would be no stronger than any other man." She made Finn promise to do all she said.

As Cucullin came nearer to their house Finn's wife said: "Put on my pretty nightdress!"

"What!" shouted Finn. "Me! Wear my wife's clothes? Never!"

"You promised you would do as I said. Now trust me!" said his wife. And with that she put the nightdress over Finn's head. What a funny sight he was! She then took off his shoes, put a bonnet on his head and made Finn get into the baby's cradle. She stuck a feeding bottle into his mouth and asked him to lie very quietly and not to say a single word. She then went outside.

"Hello, and a hearty welcome," she said, as Cucullin came to the door. "My dear husband will be so sorry to have missed you. He does so enjoy a chat. Never mind, will you still come in and eat some of my good food?"

So in went Cucullin. He said: "I have come for a contest to see who is the stronger of the last two giants in all Ireland."

"Well," replied Finn's wife. "You will have to travel on further as Finn has gone to finish the building of a road to Scotland. He hopes you will

Sie buk noch ein paar von ihren köstlichen Brotlaiben, diesmal allerdings mit ein paar ganz besonderen Zutaten.

Schließlich entdeckte Finn den Riesen Cucullin in weiter Ferne auf einem Hügel. Er fing an zu zittern und zu beben. « Liebe Frau, er wird Hackfleisch aus mir machen ! »

« Sei doch nicht so ängstlich, mein Lieber », sagte seine Frau, « ich habe gehört, dass seine ganze Kraft aus seinem kleinen Finger kommt. Wenn er den verlöre, so wäre er nicht stärker als jeder andere. » Sie nahm Finn das Versprechen ab, dass er alles tun werde, was sie ihm sagte.

Als Cucullin sich ihrem Haus näherte, sagte Finns Frau: « Zieh dir mein hübsches Nachthemd an ! »

« Was ! », rief Finn, « Ich? Die Kleider meiner Frau tragen? Niemals ! »

« Du hast doch versprochen, alles zu tun, was ich dir sage, also vertraue mir ! », erwiderte seine Frau. Und damit zog sie ihm das Nachthemd über den Kopf – was für ein komischer Anblick ! Dann zog sie ihm die Schuhe aus, setzte ihm eine Mütze auf den Kopf und sagte, er solle sich in die Wiege legen. Sie steckte ihm eine Saugflasche in den Mund und bat ihn, ganz still zu liegen und kein Wörtchen zu sagen. Dann ging sie hinaus.

« Hallo, herzlich willkommen ! », sagte sie, als Cucullin an die Tür kam. « Das wird meinem lieben Mann aber leid tun, dass er dich verpasst hat. Er plaudert doch so gern mit dir. Na, macht nichts. Komm trotzdem rein und iss etwas von meinem guten Essen ! »

So kam Cucullin herein. Er sagte: « Ich bin gekommen, um mich mit deinem Mann zu messen, wer der Stärkere der beiden letzten Riesen in ganz Irland ist. »

« Nun », antwortete Finns Frau, « da musst du noch ein Stück weitergehen, denn Finn baut gerade eine Straße nach Schottland fertig. Er hofft, dass du dort hinkommst,

join him there as it is such a fine place for a contest of strength. You could make a competition to test the strongest by lifting and transporting big stones from the land and putting them down at the bottom of the sea."

Cucullin made as if to leave.

"Nay, not until you have had the food I have prepared for you. After all you will need all the strength you can get for the competition with my husband. He is very strong." So she persuaded the visitor to stay a while.

All this time Finn lay still in the cradle. "Why does she say such things?" he thought. "Why doesn't she just make him go away?"

Finn's wife placed in front of the giant Cucullin a large platter of bread. However, inside each loaf was a bar of iron. She filled his bowl with stew, and they began to eat.

As soon as Cucullin bit in the first of the loaves he shrieked out: "Does your husband eat these loaves every day?"

"Oh yes, he eats at least a dozen," replied the cunning woman.

"Well, I think, he is very strong. I have just lost my front teeth on one of them!" shouted the giant.

"What a poor weak thing you are!" said Finn's wife.

"Rubbish, if he can eat this bread, so can I." And with that he bit into another loaf and screamed as all his other teeth fell out.

"I don't believe your husband eats such bread," said Cucullin, getting angry.

"Then you had better come and see this," re-

denn es ist ein sehr geeigneter Platz, um Kräfte zu messen. Ihr könntet einen Wettkampf austragen, wer von euch beiden mehr Kraft hat, indem ihr große Steine vom Land aufhebt, ins Meer hinausschleppt und dort auf dem Grund absetzt.»

Cucullin machte Anstalten zu gehen.

«Nein, erst, wenn du gegessen hast, was ich für dich vorbereitet habe. Du brauchst schließlich so viel Kraft wie möglich für den Wettkampf mit meinem Mann. Er ist sehr stark!» So überredete sie den Gast, noch ein Weilchen zu bleiben.

Die ganze Zeit über lag Finn still in der Wiege. «Warum sagt sie solche Sachen?», dachte er. «Warum schickt sie ihn nicht einfach weg?»

Finns Frau setzte dem Riesen Cucullin ein riesiges Holztablett mit Broten vor. In jedem Laib Brot befand sich allerdings ein Stück Eisen. Sie füllte seine Schüssel mit Schmorfleisch, und beide begannen zu essen.

Kaum hatte Cucullin in den ersten Brotlaib gebissen, schrie er auf: «Isst dein Mann solche Laibe jeden Tag?»

«O ja, mindestens ein Dutzend davon!», antwortete die schlaue Frau.

«Dann ist er allerdings sehr stark! Ich habe mir gerade meine Vorderzähne an dem einen ausgebissen!», brüllte der Riese.

«Was bist du für ein armer Kümmerling!», sagte Finns Frau.

«Unsinn, wenn er dieses Brot essen kann, dann kann ich es auch!» Und damit biss er in den nächsten Brotlaib und schrie auf, denn alle übrigen Zähne fielen heraus.

«Das glaube ich nicht, dass dein Mann solches Brot isst!», sagte Cucullin verärgert.

«Dann sieh dir mal gefälligst dies hier an!», entgeg-

plied Finn's wife, and she took Cucullin into the room where Finn lay in the cradle. "This is Finn's son and he really enjoys my bread." She gave Finn a loaf. This one did not have an iron bar inside, and Finn gobbled it up.

"Is this really Finn's child?" questioned Cucullin. "He must have an amazing set of teeth for a child of his age."

"Oh sure, try it yourself," said the wife and with that she stuck the little finger of the giant Cucullin into the mouth of Finn. Finn quickly realised what his wife was up to and bit off the finger.

Then he leapt out of the cradle and began to fight Cucullin. The fight did not last long, for without the little finger Cucullin no longer had a giant's strength. He ran screaming from Finn's home and never returned again.

Finn never did complete his causeway. He was the strongest indeed, but he was not strong enough. Or maybe he was just too lazy.

What a pity the two last giants did not make a pact of friendship! For then they would perhaps have made it possible for the people of the subsequent centuries to walk from Ireland to Scotland.

Shipbuilding

Belfast was renowned all over the world for shipbuilding. Unfortunately there has been a huge decline in the demand for ships. As in other places in the world, many Belfast yards have closed and em-

nete Finns Frau und führte Cucullin in das Zimmer, wo Finn in der Wiege lag. «Das hier ist Finns Sohn, und ihm schmeckt mein Brot sehr gut.» Sie gab Finn einen Laib. In diesem war kein Stück Eisen, und Finn verschlang ihn im Nu.

«Ist das wirklich Finns Kind?», fragte Cucullin. «Für ein Kind in diesem Alter muss er erstaunlich gute Zähne haben.»

«Aber sicher, probier es doch selbst aus!», sagte die Frau, und damit packte sie den kleinen Finger des Riesen Cucullin und steckte ihn Finn in den Mund. Dieser begriff sofort, was seine Frau vorhatte, und biss den Finger ab.

Dann sprang er aus der Wiege und begann mit Cucullin zu kämpfen. Der Kampf dauerte nicht lange, da Cucullin ohne den kleinen Finger keine Riesenkraft mehr hatte. Schreiend rannte er aus Finns Haus und kam nie wieder.

Finn sollte den Damm nicht fertig bauen. Er war zwar der Stärkste, das schon, aber er war nicht stark genug. Vielleicht war er auch einfach zu faul.

Es ist ein Jammer, dass die beiden letzten Riesen nicht Freundschaft geschlossen haben, denn dann hätten sie es vielleicht den Menschen der folgenden Jahrhunderte ermöglicht, zu Fuß von Irland nach Schottland zu gehen.

Schiffbau

Die Stadt Belfast war auf der ganzen Welt für ihren Schiffbau bekannt. Leider hat die Nachfrage nach Schiffen drastisch abgenommen. Wie überall auf der Welt wurden daher auch in Belfast viele Werften geschlossen,

ployment has changed. The dockyards have been developed with new and interesting venues such as concert halls and restaurants; however, some ships are still built and the giants cranes "Samson" and "Goliath" can still be seen towering over the city.

The most famous ship to be built in Belfast was the "Titanic". At her launch everyone was very proud and said that even God could not sink her. However, on her maiden voyage she struck an iceberg, on the 14th of April, 1912, and went down with great loss of life, more than 1500 passengers.

There remained very few survivors of the great tragedy. They were children at the time, and their accounts make chilling reading.

Over the years many people have sought to locate the ship and it was finally found in 1986. The plan to raise the wreck is controversial as many feel it should be left where it is to honour the dead.

Characters and Travellers

All over Ireland, north and south, you will encounter many characters. People who do things a little differently from usual or who maintain a fiercely independent lifestyle. For instance, in a national newspaper of February 1994 there was an account of such a person:

"A violinist and a piper played a lament as the body of Miss Celia Maguire, the last surviving

wodurch sich das Beschäftigungsverhältnis verändert hat. Auf ihren Geländen entstanden neue, attraktive Einrichtungen wie Konzertsäle und Restaurants. Da jedoch weiterhin Schiffe gebaut werden, überragen die riesigen Kräne «Samson» und «Goliath» nach wie vor die Stadt.

Das berühmteste Schiff, das in Belfast gebaut worden ist, war die «Titanic». Als sie vom Stapel lief, waren alle sehr stolz, und es hieß, dass selbst Gott dieses Schiff nicht untergehen lassen könne. Doch auf ihrer Jungfernfahrt stieß die «Titanic» am 14. April 1912 gegen einen Eisberg und sank. Viele Menschen, mehr als 1500, kamen dabei ums Leben.

Nur ganz wenige Menschen überlebten das große Unglück. Sie waren damals Kinder, und es ist schrecklich ihre Berichte zu lesen.

Jahrelang bemühten sich viele Leute, das Schiff zu orten. 1986 wurde es schließlich entdeckt. Der Plan, das Wrack zu heben, ist jedoch umstritten, da viele der Ansicht sind, es sollte zu Ehren der Toten unberührt bleiben.

Sonderlinge und fahrendes Volk

In ganz Irland, im Norden wie im Süden, trifft man immer wieder auf Sonderlinge. Auf Menschen, die manches ein wenig anders machen als üblich, oder die ein äußerst unabhängiges Leben führen. In einer irischen Zeitung vom Februar 1994 stand zum Beispiel folgender Bericht:

«Ein Geiger und ein Dudelsackpfeifer spielten ein Klagelied, als der Leichnam von Fräulein Celia Magui-

resident of the wooded island of Inish Lirroo in County Fermanagh, was brought ashore. Local residents lined the route to the nearby village churchyard where she was buried.

Miss Maguire had lived alone on the 22-acre island half a mile from the shore in Upper Lough Erne for the past 29 years. According to a visitors' book which she maintained in her cottage, she had been visited by people as far away as Germany, Australia and Mexico. Her only companion was her pet sheepdog called Prince.

She made occasional visits to the mainland using a rowing boat. Five years ago the local community raised money to install a generator for electricity, so she could enjoy the benefit of television. During one harsh winter when the lake was frozen, a helicopter flew in with supplies to keep her going.

Her last wish was to die on the island. She passed away peacefully, and her remains lie in a nearby churchyard, but not on her precious island. Such characters as this lady are very few in the 20th century and probably we shall not see her like again."

In Ireland today there remain some "travelling people" who chose to live in caravans and travel about from place to place; some can be found in the UK too. They were originally called "tinkers" because they often traded in tin cans. Today they continue to trade mainly in scrap metal and some are horse breeders too.

If you should see them on the road, they

re, der letzten Bewohnerin der bewaldeten Insel Inish Lirroo in der Grafschaft Fermanagh, aufs Festland gebracht wurde. Leute aus dem Ort säumten den Weg zum nahegelegenen Dorffriedhof, wo sie beerdigt wurde.

Fräulein Maguire hatte die letzten 29 Jahre allein auf der 22 Morgen großen Insel gelebt, die eine halbe Meile vor der Küste bei Upper Lough Erne liegt. Dem Gästebuch zufolge, das sie in ihrem Häuschen aufbewahrte, war sie von Leuten aus so fernen Ländern wie Deutschland, Australien und Mexiko besucht worden. Ihr einziger Kamerad war ihr gehätschelter Schäferhund Prince.

Ab und zu fuhr sie mit ihrem Ruderboot zu einem Besuch auf die Hauptinsel. Vor fünf Jahren bewilligte die Ortsgemeinde das Geld für einen Stromgenerator, sodass sie in den Genuss des Fernsehens kam. Als in einem strengen Winter einmal der Sund zugefroren war, wurde sie von einem Hubschrauber mit dem Lebensnotwendigen versorgt.

Ihr letzter Wunsch war, auf der Insel zu sterben. Sie ist friedlich eingeschlafen. Ihre sterblichen Überreste ruhen auf einem nahegelegenen Friedhof, nicht aber auf ihrer geliebten Insel. Menschen wie diese Frau gibt es im 20. Jahrhundert nur sehr wenige und wir werden so jemandem vielleicht nie mehr begegnen.»

In Irland gibt es heutzutage noch ein paar Vertreter des «fahrenden Volks», das von Ort zu Ort zieht, einige auch im Vereinigten Königreich. Ursprünglich wurden sie «Kesselflicker» genannt, weil sie in früheren Zeiten oft mit Blechdosen gehandelt haben. Auch heute noch sind sie meist Schrotthändler oder auch Pferdezüchter.

Solltet ihr welche auf der Straße sehen, erinnern sie euch vielleicht an die Roma und Sinti, die «Zigeuner»

may remind you of the European "Romany Gypsies". However, they are not the same, but are distinctly Irish.

Sadly, the beautiful painted caravans drawn by horses are very few, although if you ever visit Ireland, especially in the rural south, you may see some of these colourful wagons, but when you approach the occupants, they will most likely be holidaymakers like you, pretending to live as the travellers once did with peaceful slow days behind a gentle horse!

This poem, which mentions "tinkers", evokes something of the joy of being a traveller. The poem's title is 'Time out'. It is written by John Montague, born in County Tyrone in 1929 of a farming family:

The donkey sat down on the roadside
Suddenly, as though tired of carrying
His cross. There was a varnish
Of sweat on his coat, and a fly
On his left ear. The tinker

vom europäischen Festland. Sie sind aber keine, sondern waschechte Iren.

Schade, dass es von diesen wunderschön bemalten, von Pferden gezogenen Wohnwagen nur noch so wenige gibt. Falls du mal nach Irland kommst, wirst du allerdings vor allem in ländlichen Gegenden den einen oder anderen dieser bunten Wagen sehen, doch sobald du dich den Bewohnern näherst, erkennst du höchstwahrscheinlich, dass es sich um Urlauber wie dich handelt, die so tun, als verlebten sie wie einst das «fahrende Volk» friedliche, gemächliche Tage hinter einem sanften Ross.

Das folgende Gedicht, in dem Kesselflicker vorkommen, gibt etwas von den Freuden des Landfahrerlebens wieder. Der Titel des Gedichtes ist ‹Zeit genug›. Sein Verfasser ist John Montague, geboren 1929 in einer Bauernfamilie in der Grafschaft Tyrone.

Der Esel ließ sich am Straßenrand nieder
Mit einem Ruck, als wär er's leid, sein Kreuz
Zu tragen. Feiner Film von Schweiß
Lag auf dem Fell, und eine Fliege
Saß auf dem linken Ohr. Der Kesselflicker

Beating him finally gave in,
Sat on the grass himself, prying
His coat for his pipe. The donkey
(Not beautiful but more fragile
Than any swan, with his small
Front hooves folded under him)
Gathered enough courage to raise
That fearsome head, lipping a daisy,
As if to say – slowly, contentedly –
Yes, there is a virtue in movement,
But only going so far, so fast,
Sucking the sweet grass of stubbornness.

Writers

It is most illuminating to see the contribution of Irish writers to literature in the 20th century. Every well-read adult should have heard of the following authors and have read at least some lines or pages of some of them: William Butler Yeats, Oscar Wilde, James Joyce, George Bernard Shaw, Samuel Beckett.

Some may know a book or a play by one of the famous modern writers, such as Sean O'Casey, Frank O'Connor, Liam O'Flaherty or Lord Dunsany, or a poem by the 1996 Nobel prize winner Seamus Heaney.

All the aforementioned authors and many others write in the English language. Several Irish writers had tried to establish a new national Irish Gaelic literature in the years before and after independence.

Schlug erst nach ihm, dann gab er nach.
Er setzte sich auch ins Gras und tastete
Die Jacke nach der Pfeife ab. Der Esel
(Nicht schön, doch zierlicher
Als jeder Schwan, mit seinen unter sich
Geschlagenen schmalen Vorderhufen)
Nahm sich heraus, das scheue Haupt zu heben,
Und zupfte sich ein Gänseblümchen,
Als wollt er sagen, ruhig und zufrieden:
Bewegung möchte ja verdienstvoll sein,
Doch gehe man nur so weit und eilig, um
Das Kräutlein der Halsstarrigkeit zu kosten.

Schriftsteller

Der Beitrag irischer Schriftsteller zur Literatur des 20. Jahrhunderts ist höchst bemerkenswert. Jeder einigermaßen belesene Erwachsene dürfte von den folgenden Autoren gehört und wenigstens ein paar Zeilen oder Seiten von ihnen gelesen haben: William Butler Yeats, Oscar Wilde, James Joyce, George Bernard Shaw, Samuel Beckett.

Und manche kennen wohl ein Buch oder ein Theaterstück von einem der namhaften modernen Autoren wie Sean O'Casey, Frank O'Connor, Liam O'Flaherty oder Lord Dunsany, oder ein Gedicht des Nobelpreisträgers von 1996, Seamus Heaney.

Alle erwähnten und viele andere Autoren schreiben in englischer Sprache. Mehrere irische Schriftsteller haben versucht, eine neue eigene irische – gälische – Literatur zu schaffen, in den Jahren vor und nach der Erlangung der Unabhängigkeit. Aber wenn man zurückblickt, gewinnt

However, in retrospect, it would appear to have been an unsuccessful attempt. Nowadays a new movement is to be seen among young lyric poets to reactivate the ancient idiom. And there is now great interest amongst the young, so the Irish language is growing again for the first time in many years.

James Joyce commented in one of his books on the cultural alienation which is encountered by the Irishman writing in a language which is not native to his country.

In 1835 four million people spoke Irish, and Irish is still the official language of the Republic of Ireland. In matters of law the Irish version holds superior authority over the English version.

man den Eindruck, dass es ein erfolgloser Versuch gewesen ist. Heute ist unter jungen Lyrik-Autoren eine neue Bewegung zu beobachten, die alte Sprache wiederzubeleben. Und auch unter jungen Leuten herrscht reges Interesse, so dass die irische Sprache erstmals sei Langem wieder einen Aufschwung erlebt.

James Joyce macht in einem seiner Bücher auf die kulturelle Entfremdung aufmerksam, die der Ire erlebt, wenn er in einer Sprache schreibt, die nicht aus seinem Heimatland stammt.

Im Jahre 1835 sprachen vier Millionen Menschen Irisch, und Irisch ist nach wie vor die offizielle Landessprache der Republik Irland. In Rechtsangelegenheiten hat die irische Fassung gegenüber der englischen Vorrang.

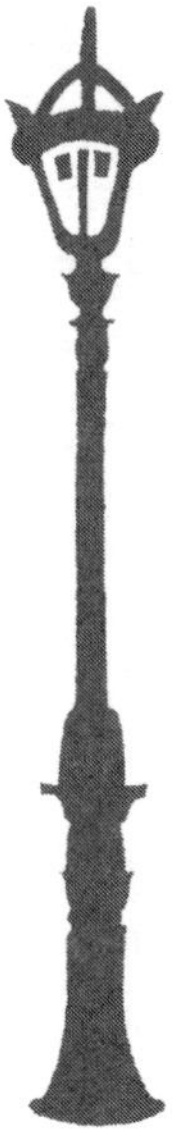

Past – Present – Future

It is seventeen years since this book was first published so here are three short pieces to update you. I hope you find them interesting. As you read you will find everything is bedded in the past, happens in the present and affects the future.

The London Eye

Some reading this will not remember the turn of the millennium. All over the world people celebrated the end of the second thousand years since the birth of Christ. These events took many different forms and in Britain the focus was on the capital city, London. A huge building, "The Millennium Dome", was built in the old London docklands. It is now called "The O2 Arena". However, the most popular continues to be the huge observation wheel on the side of the river Thames opposite the Houses of Parliament. Its construction began in 1998 and it was opened to the public in March 2000. At the beginning it was called "The Millennium Wheel" but is now renamed "The London Eye". It is a very popular attraction in London and if you have the opportunity to go on it, do so, it is an amazing experience. If you do, make sure you do this first, before you tour our great city, as you will have a better idea of its layout and design when you begin to walk around. Here are a few interesting facts for you to ponder:

Vergangenheit – Gegenwart – Zukunft

Siebzehn Jahre sind vergangen, seitdem dieses Buch erschienen ist, weshalb drei kleine Beiträge dich auf den neuesten Stand bringen sollen. Ich hoffe, du findest sie wissenswert. Beim Lesen wirst du bemerken, dass jeder von ihnen in die Vergangenheit zurückreicht, in der Gegenwart spielt und in die Zukunft weist.

«London Eye»

So mancher Leser wird sich vielleicht nicht mehr an die Jahrtausendwende erinnern, als auf der ganzen Welt das Ende des zweiten Jahrtausends seit Christi Geburt gefeiert wurde – auf die verschiedenste Art und Weise. In Britannien lag der Fokus auf der Hauptstadt London. Ein riesiges Gebäude, der «Millennium Dome», jetzt «O2 Arena» genannt, wurde auf dem alten Londoner Hafengelände errichtet. Am beliebtesten ist jedoch nach wie vor das Aussichts-Riesenrad am Ufer der Themse gegenüber dem Parlament. Baubeginn war im Jahre 1998 und im März 2000 wurde es für das Publikum eröffnet. Zunächst hieß es «Millennium Wheel», doch heute wird es nur noch das «London Eye» genannt. Falls du die Gelegenheit hast, solltest du unbedingt diese beliebteste touristische Attraktion Londons besuchen. Eine tolle Erfahrung! Jede größere Stadtbesichtigung müsste man eigentlich damit beginnen, um vorab einen Gesamtüberblick über die Stadt und eine Ahnung von ihren Ausmaßen zu erhalten. Hierzu ein paar interessante Fakten:

It is the tallest cantilevered observation wheel in the world at 135 metres high.
Its architecture, design and engineering are all British.
It has 32 capsules representing the 32 London Boroughs.
The capsules have 360-degree views, air conditioning and bench seating.
There are 64 spokes, like in a bicycle-wheel.
You can see 40 kilometres in every direction (on a clear day!)
800 passengers can be accommodated on each revolution
It moves continuously at 0.9 kilometres per hour.
There are approximately 3.5 million visitors a year.

The wheel was the idea of a husband-and-wife architectural team and they wanted it to represent time, turning around and bringing in the next Millennium. So, "The London Eye" connects past, present and future. Do take a "flight" as the trip is called, when you visit the capital!

The Olympic Games

I first visited Germany in 1968 and one of the highlights of the tour was a trip to the large site in Munich which was being developed for the 1972 Olympic games. My main memory of the visit was going up the Tower and having a meal in the revolving restaurant! Now, in London we are preparing derelict industrial land for the next Olympics, which are in 2012 – forty-four years after my visit to the Munich site. The part of London where the

Mit seinen 135 Metern ist es das höchste freitragende Aussichts-Riesenrad der Welt.
Architektur, Design und Konstruktion stammen allein aus britischer Hand.
Die 32 Gondeln stehen für die 32 Londoner Bezirke.
Die Gondeln bieten einen Rundumblick, sie sind voll klimatisiert und mit Sitzbänken ausgestattet.
Es hat 64 Speichen, wie das Rad eines Fahrrads.
An klaren Tagen kann man 40 Kilometer weit in alle Richtungen sehen.
Jede Umrundung bietet Platz für 800 Passagiere.
Es dreht sich durchgehend mit 0,9 Stundenkilometern.
Jährlich kommen etwa 3,5 Millionen Besucher.

Das Rad geht auf die Idee eines Architektenehepaars zurück. Es sollte die Zeit symbolisieren, sein immerwährendes Drehen das nächste Millennium herbeiführen. Auf diese Weise verbindet das «London Eye» Vergangenheit, Gegenwart und Zukunft. «Flieg doch mal mit», wie man so schön sagt, wenn du die Stadt besuchst.

Die Olympischen Spiele

Als ich 1968 das erste Mal Deutschland besuchte, war einer der Höhepunkte meiner Reise ein Besuch der riesigen Baustelle für die Olympischen Spiele 1972 in München. Ich erinnere mich noch sehr gut an unser Essen im Drehrestaurant oben auf dem Turm. Und nun werden hier in London brachliegende Industriegelände für die nächste Olympiade im Jahre 2012 bebaut – vierundvierzig Jahre nach meinem Besuch der Baustelle in

games will take place is in the east, north of the London City Airport. It was almost a polluted wasteland for years but is being transformed, not just for the games, but also for the local people in the future. The Olympic Park covers two-and-a-half square kilometres and the emphasis has been upon "Cleaning and Greening". The river Lea is the main watercourse which runs through the area, and new "green" techniques have been developed in flood/water management to created beautiful wildlife habitats with over two thousand native species of trees, gardens of typical English style, quiet public green spaces and many green hills. During the games giant screens will be set up there so many people will be able to sit and watch even if they cannot get into the main stadiums. All the walkways and public areas are designed with minimal slopes so that wheelchairs and baby carriages can easily be used and no one will be excluded from enjoying the transformed land.

When the games are over, the whole area will provide over 2800 delightful homes for local people. So, once again, past, present and future merge in this world-renowned event. The once useful industrial area which helped create wealth and jobs in past times will give the athletes and visitors much joy at the 2012 Olympics, whilst future generations will have a transformed East End of London to enjoy with their families.

München. Die Spiele in London werden im Osten der Stadt, nördlich des London City Airport, stattfinden. Das jahrelang umweltverschmutzte Ödland wird nun aufbereitet, nicht nur anlässlich der Spiele, sondern auch für in Zukunft dort ansässiger Menschen. Der Olympiapark erstreckt sich über zweieinhalb Quadratkilometer, wobei hier das Motto «Sauber und Grün» vorherrschen soll. Der Fluss Lea ist das Hauptgewässer in dem Gebiet, in dem durch entsprechende Bewässerung und Wasserführung neue «Begrünungs»-Techniken entwickelt wurden, um dort wunderschöne Naturschutzgebiete anzulegen mit über zweitausend heimischen Baumarten, Gärten im typischen Englischen Stil, ruhigen Grünflächen für die Öffentlichkeit und vielen begrünten Hügeln. Während der Spiele werden dort riesige Leinwände aufgestellt, sodass viele Menschen dort sitzen und zuschauen können, auch wenn sie nicht ins Stadion kommen. Wege sowie öffentliche Räume und Zonen wurden mit geringstmöglichem Gefälle geplant, sodass sie für Rollstühle und Kinderwagen sehr gut geeignet sind und jeder die umgestaltete Landschaft genießen kann.

Nach den Spielen wird das gesamte Gebiet über 2800 attraktive Wohnungen für die Menschen aus der Region bieten. Auf diese Weise werden erneut Vergangenheit, Gegenwart und Zukunft in diesem Ereignis von Weltrang verschmelzen. Das einst wichtige Industriegebiet, das in vergangenen Zeiten für Reichtum und Arbeitsplätze sorgte, wird bei den Olympischen Spielen 2012 Athleten und Besucher erfreuen, während zukünftige Generationen mit ihren Familien ein verwandeltes Londoner East End genießen können.

Harris Tweed

For our final snapshot we are travelling almost as far as it is possible to go from London, to the remote islands of the Outer Hebrides. If you look at a map of Britain you will see them on the far western edge of Scotland. They are the last inhabited landmass before you get to America! These islands are also called the Western Isles and the people speak a Celtic language called Gaelic. Life has always been very tough in this windy, cold, wet part of Scotland but the people also enjoy spectacular scenery, beautiful beaches, close community spirit and their world famous export – Harris Tweed. On a recent visit we travelled right up to the northernmost part of the Isle of Lewis, called "The Butt of Lewis", where we have friends who live in a typical crofter's cottage heated by peat Turfs – very cosy. After a while my friends asked if we should like to visit their neighbour who has a loom and probably would show me a little of the famous tweed being made. So, we went a short way and behind another similar cottage there was a small more modern building, not much bigger than a garden shed. When we entered we saw the weaving loom and the sweet aroma of wool filled the room. The kindly gentleman then gave a personal demonstration of weaving using this hand-driven loom. It has pedals and is chain-driven in a similar way to a bicycle. As he pedalled, the shuttle whizzed backwards and forwards and gradually the cloth grew. In the corner of the room were large bales of woven cloth waiting to

Harris Tweed

Für unseren letzten Schnappschuss fahren wir von London möglichst weit nach Norden zu den Äußeren Hebriden. Wenn du dir eine Karte von Britannien ansiehst, findest du die Inseln am weit entfernten westlichen Rand von Schottland. Sie sind die letzte bewohnte Landmasse vor Amerika! Diese Inseln werden auch «Western Isles» genannt. Die Menschen sprechen dort Gälisch, eine keltische Sprache. Das Leben in diesem windigen, kalten und nassen Teil Schottlands war immer sehr hart, dafür entschädigen eine herrliche Landschaft und wunderschöne Strände die Menschen, es herrscht ein ausgeprägter Gemeinschaftssinn und es gibt den weltberühmten Exportartikel «Harris Tweed». Vor nicht allzu langer Zeit fuhren wir bis zur äußersten Spitze von Lewis, genannt «das Hinterteil von Lewis», wo wir Freunde in ihrem typischen «crofters cottage», einem alten Pächterhäuschen, das noch mit Torf beheizt wird, besuchten – sehr gemütlich. Irgendwann fragten meine Freunde, ob ich Lust hätte, zu ihrem Nachbarn mitzukommen. Er habe einen Webstuhl und würde mir bestimmt etwas von seinem berühmten Tweed zeigen. Also gingen wir nicht sehr weit zu einem ähnlichen Cottage, hinter dem sich ein kleineres Gebäude aus neuerer Zeit befand, nicht viel größer als ein Gartenschuppen. Als wir eintraten, sahen wir sogleich den Webstuhl; der süße Duft von Wolle erfüllte Raum. Der freundliche Herr führte uns dann persönlich seinen Handwebstuhl vor, der mit Pedalen und einer Kette ausgestattet war, ähnlich wie ein Fahrrad. Als er die Pedale trat, sauste das Schiffchen vor und zurück und der Stoff wurde langsam größer. In der Ecke des Raumes lagen große Ballen gewebten Stoffs und

be collected for further processing and to be made into garments. It was like stepping back in time but there are still many such weavers on the little farm-crofts, and they continue to thrive despite this technical modern age.

The name of the cloth in Gaelic is CLO MHOR – which means "The Big Cloth" and it has been made in the islands for centuries; very often the villagers gathered together to work at the cloth and sing together in Gaelic. In 1846 a Lady Dunmore helped develop and increase the sales of this unique cloth. Later the islanders succeeded in gaining the special trademark, the Orb and Maltese Cross logo, so that others could not try to copy Harris Tweed. This is still in use today and it is a big benefit. All cloth which displays this mark must conform to the following definition: "Harris Tweed means a cloth made from pure virgin wool, produced in Scotland, spun, dyed and finished in the Outer Hebrides and hand-woven in their own homes in the islands of Lewis, Harris etc."

Various looms have been used over the centuries but in 1996 a "double width" loom made by Bonas-Griffith produced a wider, softer, lighter Harris Tweed which is more suitable for present-day needs, and although economic situations have not been good in recent years, Harris Tweed continues to develop and to be a world-recognised cloth of superb quality. Past, present and future once again unite but this time in a remote region many people will never see; but may be 'seen' wearing "Harris Tweed".

warteten darauf, für die Weiterverarbeitung zu Kleidung abgeholt zu werden. Man fühlte sich zurückversetzt in alte Zeiten, doch es gibt immer noch viele solcher Weber in ihren kleinen Häuschen, deren Handwerk selbst in unserem modernen Technikzeitalter floriert.

Auf Gälisch heißt dieser Stoff CLO MHOR, « der große Stoff ». Er wird seit Jahrhunderten auf den Inseln hergestellt, nicht selten trafen sich die Dorfbewohner, um gemeinsam daran zu arbeiten und in ihrer gälischen Sprache zu singen. Im Jahre 1846 half eine gewisse Lady Dunmore dabei, den Verkauf dieses so einzigartigen Stoffs anzukurbeln. Später gelang es den Inselbewohnern, ihr Produkt mit dem bestimmten Markenzeichen, « Kugel und Malteserkreuz », zu schützen, damit Harris Tweed nicht kopiert werden konnte, was bis zum heutigen Tag ein großer Gewinn ist. Denn jeder mit der Marke Harris Tweed ausgezeichnete Stoff muss aus reiner, in Schottland hergestellter Neuwolle bestehen, auf den Äußeren Hebriden gesponnen, gefärbt und verarbeitet sowie von den Bewohnern der Inseln Lewis, Harris usw. selbst dort handgewebt worden sein.

Jahrhunderte lang wurden verschiedenste Webstühle benutzt, aber seit 1996 gibt es von Bonas-Griffith einen « doppelt breiten » Webstuhl, mit dem breiterer, weicherer, leichterer und für unsere heutigen Bedürfnisse geeigneterer Harris Tweed hergestellt werden kann. Trotz der nicht besonders guten wirtschaftlichen Lage der letzten Jahre behauptet sich Harris Tweed jedoch weiterhin weltweit als Stoff bester Qualität. Wiederum schmelzen Vergangenheit, Gegenwart und Zukunft zusammen, dieses Mal jedoch in einer weit entlegenen Gegend, in die wohl die wenigsten Menschen je kommen werden; aber vielleicht tragen sie « Harris Tweed ».

Author's Dedication

My father was a clever boy who passed the examination for a fine academic school. But his parents were poor working-class people who needed him to earn money. So he did not take up the scholarship and left school at fourteen years of age to work as a grocer's rounds boy.

He was caught up in the second world war and in its closing stages helped liberate Belsen concentration camp.

After the war he married my mother and they started a new life together.

My father felt keenly his lack of education and was constantly teaching himself and us three children all he could about history, our city, our country and the world. He inspired us to take an interest in art and music and talked to us about Christianity.

He was engaged in the reconciliation of England and Germany. To this end he sent my brother, at the first opportunity, on a holiday with the school to Germany to get to know the people and to learn the language. Unfortunately, soon after my twelfth birthday father developed multiple sclerosis and became wheelchair-bound. Thus holidays became a luxury.

That was until 1968 when the headmaster of my school recommended to the Rotary Club that I be sent on a sponsored holiday to Germany as a part of an international youth ex-

Widmung

Mein Vater war ein kluger Junge, der die Aufnahmeprüfung für eine höhere Schule bestand. Seine Eltern gehörten aber der Arbeiterklasse an und brauchten ihn zum Mitverdienen. Darum nahm er diese Bildungsmöglichkeit nicht wahr, sondern verließ mit vierzehn die Schule und arbeitete als Laufjunge in einem Lebensmittelgeschäft.

Im Zweiten Weltkrieg wurde er eingezogen. In der Endphase war er an der Befreiung des Konzentrationslagers Bergen-Belsen beteiligt.

Nach dem Krieg heirateten er und meine Mutter und schufen sich eine neue Existenz.

Mein Vater empfand schmerzlich seinen Mangel an Bildung und lernte selbst unablässig und lehrte uns drei Kinder, so viel er nur konnte, über die Geschichte, über unsere Stadt, unser Land und die Welt. Er regte uns zur Beschäftigung mit Kunst und Musik an und sprach mit uns über die christliche Religion.

Es war ihm daran gelegen, an der Versöhnung zwischen England und Deutschland mitzuwirken. Zu diesem Zweck schickte er meinen Bruder bei der ersten Gelegenheit zu einem Schüler-Ferienaufenthalt nach Deutschland, damit er die Menschen dort kennen- und die Sprache sprechen lernte. Leider erkrankte mein Vater bald nach meinem zwölften Geburtstag an multipler Sklerose und war von da an an den Rollstuhl gefesselt. Dadurch wurden Ferien unerschwinglich.

Das blieb so, bis 1968 der Direktor meiner Schule beim Rotary Club erreichte, dass ich einen Ferienaufenthalt in Deutschland geschenkt bekam, im Rahmen eines internationalen Jugendaustauschs. Am Ende dieser

change. At the end of this holiday I stayed with a family in Upper Bavaria and we have become lifelong friends. In 1990 my husband and I took a holiday on the Continent and went to visit these friends. It was a delightful reunion where the years seemed to make no difference and our friendship was sound and happy.

During that short visit they put to me the idea of this book.

Being a schoolteacher and seeing the value of young people learning through songs, poetry and interesting stories, in fact the method my father had used to stimulate our own interest in learning, I agreed. I hope the method has successfully transferred onto paper and will be useful and enjoyable reading for young people, English and German-speaking, from the age of nine or ten upwards.

My father would have been delighted about this book as he was a great reader and quite a patriot. He used to compare himself with the greatly tested Job in the Old Testament so Job 19: 23 provides a fitting conclusion to this dedication: "Oh that my words were now written! Oh that they were printed in a book!"

Previous editions of this book were dedicated to my dear father but I should like to dedicate this edition to Kristof and Helga Wachinger whose idea it originally was for me to write it and whose kindness in my youth has never been forgotten.

Ferien wohnte ich bei einer Familie in Oberbayern; hieraus sollte sich eine lebenslange Freundschaft entwickeln. 1990 machten mein Mann und ich Urlaub auf dem Kontinent, und wir besuchten diese Freunde. Es war ein herzliches Wiedersehen. Die Jahre hatten offenbar keine Entfremdung bewirkt, unsere Freundschaft war lebendig und schön.

Während dieses kurzen Besuchs schlugen die Freunde mir vor, dieses Buch zu machen.

Ich bin Lehrerin und sehe, mit welch gutem Ergebnis junge Leute anhand von Liedern, Gedichten und ansprechenden Geschichten lernen – genau dies war auch die Methode meines Vaters gewesen, um uns zum Lernen anzuregen. Darum stimmte ich zu. Ich hoffe, das Verfahren hat sich auf Papier übertragen lassen und ist auch als Lektüre nützlich und erfreulich für junge Leute, englisch- und deutschsprachige, von neun oder zehn Jahren aufwärts.

Mein Vater hätte sich über dieses Buch sehr gefreut, da er ein großer Leser und ein echter Patriot war. Er hat sich manchmal mit dem hart geprüften Hiob im Alten Testament verglichen. So bietet sich der Vers Hiob 19, 23 als passender Schlussvers für diese Widmung an: «Ach dass doch meine Reden aufgeschrieben würden! Ach dass sie in ein Buch gestellt würden!»

Vorangegangene Auflagen dieses Buchs waren meinem lieben Vater gewidmet, doch möchte ich diese Auflage nun Kristof und Helga Wachinger widmen, deren Idee es ursprünglich war und die mich in meiner Jugend so freundlich aufgenommen haben.

The End

In closing 'Snapshots of Britain' here are a few of the different expressions which you will hear being used when parting. So: Farewell – See you later/See you – Cheers/Cheerio – Bye Bye – Take Care – God Bless you and finally Good Bye, which originates from the ancient greeting 'May God Abide with you'.

Zum Schluss

Am Ende der ‹Schnappschüsse aus Britannien› folgen hier ein paar Wendungen, die, wie ihr hören werdet, beim Abschied gebraucht werden: Leb wohl/Gute Fahrt – Bis bald/Auf Wiedersehn – Alles Gute/Viel Glück – und schließlich Good-bye, abgeleitet von dem alten Gruß «Möge Gott dir zur Seite stehen», also etwa: Behüt dich Gott/Ade.

Das Shakespeare-Gedicht ist von August Wilhelm Schlegel übertragen, das Wordsworth-Gedicht von Hans Hennecke (aus: Lyrik des Abendlandes © Carl Hanser Verlag, München), der Burns-Vierzeiler von Karl Eggers. Die übrigen Gedicht-Übertragungen sind eigene Vorschläge der Übersetzerin. Bei allen poetischen Übersetzungen wird – und wurde hier – etwas mehr Freiheit in Anspruch genommen als bei der Übersetzung von Prosa. Doch sollte der Leser ziemlich viele Elemente des Originals im Deutschen wiederfinden können.

Inhalt

Irland

Gerne schicken wir Ihnen ein Verzeichnis aller Bände der Reihe dtv zweisprachig zu.

dtv
Tumblingerstraße 21, 80337 München
www.dtv.de zweisprachig@dtv.de